孤独症康复训练师资培训完整教程

ABA（应用行为分析）基础

主编 贾美香 白雅君

图书在版编目(CIP)数据

ABA（应用行为分析）基础 / 贾美香, 白雅君主编
—— 沈阳：辽宁科学技术出版社, 2018.10
孤独症康复训练师资培训完整教程
ISBN 978-7-5591-0576-9

Ⅰ.①A… Ⅱ.①贾… ②白… Ⅲ.①缄默症－行为分析－儿童教育－特殊教育－教育研究 Ⅳ.①G766

中国版本图书馆CIP数据核字(2017)第313967号

版权所有　侵权必究

出版发行：辽宁科学技术出版社
　　　　　北京拂石医典图书有限公司
地　　址：北京海淀区车公庄西路华通大厦B座15层
联系电话：010-57262361/024-23284376
E－mail：fushimedbook@163.com
印　刷　者：中煤（北京）印务有限公司
经　销　者：各地新华书店

幅面尺寸：285mm×210mm
字　　数：192千字　　　　　　　　　　　印　张：7
出版时间：2018年10月第1版　　　　　　印刷时间：2018年10月第1次印刷

策划编辑：尹　岩　　　　　　　　　　　责任校对：梁晓洁
责任编辑：李俊卿　　　　　　　　　　　封面制作：咏　潇
封面设计：咏　潇　　　　　　　　　　　责任印制：丁爱军
版式设计：咏　潇

如有质量问题，请速与印务部联系　联系电话：010-57262361

定　价：50.00元

ABA（应用行为分析）基础

编委会

主　编： 贾美香　白雅君

副主编： 董丹凤　邓丽丽　刘　堃　刘冬梅　彭旦媛　魏青云

编　委： 胡慧萍　周　娟　沈　琪　范晓娇　崔蒙蒙　孙　琪　张晓燕　杨　轲
　　　　　　赵　泓　曾　刚　董丹凤　刘　堃　刘冬梅　邓丽丽　方丽娟　张　妮
　　　　　　徐振弟　程献莹　初晓菲　代恒双　刁凤菊　杜丽源　纪志伟　贾慧锋
　　　　　　金浩然　柯黎颖　梁艳林　林　恒　刘桂赞　罗立晖　牟效玲　倪明明
　　　　　　谭筑霞　陶　煜　王丽琴　王晓武　谢裴风　杨　洋　张兆惠　赵　芳
　　　　　　赵水林　祝贺荣　陈素云　于　涛　李　东　张家翩　孙石春　王　玉
　　　　　　齐丽娜　张　楠　王红微　刘艳君　何　影　张黎黎　董　慧　孙丽娜
　　　　　　李　瑞　刘　星　吕文静　于婷婷　陈晓芳　隋晓玉　于秋霞　李　雪
　　　　　　孙　艳　肖丽媛　刘　欢　邵　沫　裴佳宁　李伟江　云爱玲

前言

　　本套课程的内容均基于应用行为分析（简称 ABA）的理论和实践。我们一方面借鉴国内外研究成果作为指导，另一方面将进阶训练代入行为分析中，两相融合，撰写了这本"如何做"的工作手册，通过特定的任务分析去指导孤独症患者训练。项目中的每项能力都是通过任务分析教学来实现的，每项任务分析都是将复杂任务分解成简单步骤的过程。为了使本书能以最新、最全面、最实用的面貌出现在读者面前，作者倾注了大量的心力。所有参加撰写本书的作者，都是多年从事孤独症研究和教学工作的医生和教师，他们将在这一领域中长期积累的丰富的临床及教学经验总结出来，得以完成本书。如果没有他们对孤独症患者及其家庭的爱心和社会责任感，就不会有那么多真实的案例。

　　最后，愿孤独症孩子的父母和训练教师能够带着欣赏的眼光走近他们，不断挖掘和培养他们的潜力、天赋，使他们能在大家的帮助下像普通人一样快乐地生活！

目录

第一章
应用行为分析基础知识 / 1

第一节　什么是应用行为分析 / 2
第二节　应用行为分析的特点 / 3
第三节　应用行为分析基本行为原理 / 5

第二章
应用行为分析数据与图表 / 6

第一节　数据的收集和记录 / 7
第二节　绘制图表 / 14

第三章
应用行为分析原理与应用 / 22

第一节　强化原理与应用 / 23
第二节　消退原理与应用 / 27
第三节　差别强化原理与应用 / 32
第四节　泛化训练原理与应用 / 36

第四章
应用行为分析的教学策略 / 40

第一节　等级系统 / 42
第二节　90/10 教学策略 / 47

第五章
创设应用行为分析的环境 / 57

第一节　应用行为分析治疗室 / 58
第二节　家长的参与 / 60
第三节　关于强化玩具和活动的建议 / 62
第四节　使治疗充满趣味 / 84

第六章
案例集锦 / 86

第一章

应用行为分析基础知识

第一节 什么是应用行为分析

行为分析是一门研究行为与环境之间的关系，帮助和改善对人类有重要社会意义的行为的自然科学。它包括三个分支：行为主义（Behaviorism）、实验行为分析（Experimental Behavior Analysis）、应用行为分析（Applied Behavior Analysis，简称 ABA）。

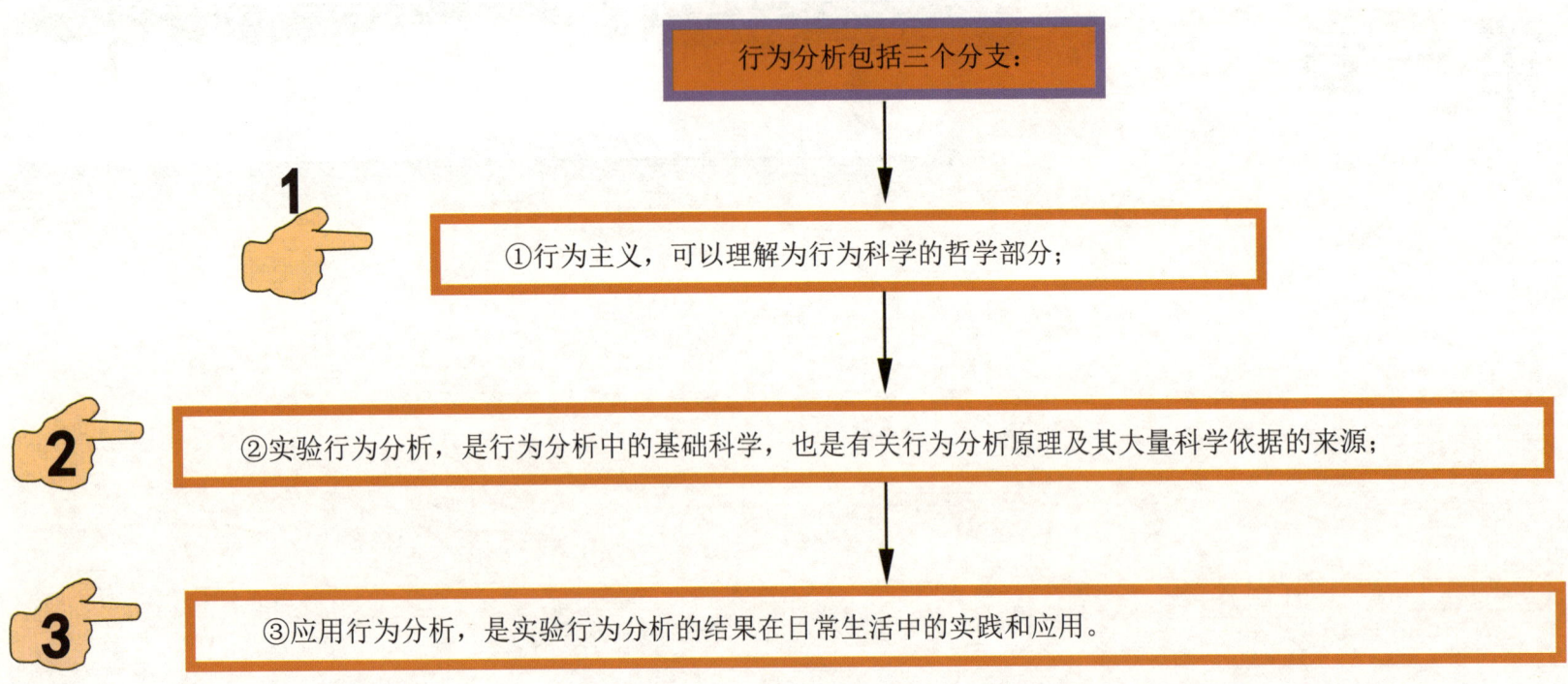

行为分析包括三个分支：

1. ①行为主义，可以理解为行为科学的哲学部分；
2. ②实验行为分析，是行为分析中的基础科学，也是有关行为分析原理及其大量科学依据的来源；
3. ③应用行为分析，是实验行为分析的结果在日常生活中的实践和应用。

第二节 应用行为分析的特点

应用行为分析的核心是了解与改进行为。确切地说，应用行为分析学是"一门将行为原则系统地运用在有效提高有社会意义的行为中，并且通过实验方法来证明其有效性和关联性的科学"。应用行为分析涉及一些行为原则，这些行为原则都是首先通过实验行为分析证明，之后运用于实践中的。

从20世纪五六十年代开始，更多的行为分析学家开始进行以提高个人生活质量为目的的研究与实践。被称为第一篇应用行为分析的文章来自艾利翁和麦克，名为《作为行为工程师的精神科护士》（1959）。文章描述了精神科护士如何用一些行为原则来提高精神病患者和精神分裂症患者的生活自理能力和日常自控能力。在接下来的几十年中，更多的行为分析学家不断地将行为原则应用到多种社会性行为问题、普通教育，以及有发展性障碍的人群中（包括孤独症）。在应用行为分析学历史发展中，另一个重要事件为1968年《应用行为分析期刊》的创刊，标志着现代应用行为分析的开始。很多在这个期刊刊登的早期文章成为了今后应用实证研究的榜样。在首刊中，行为科学家贝尔、洛夫、里斯利（他们被称为"现代应用行为分析之父"）发表了一篇重要文章，名为《应用行为分析的当前方面》，文章中作者们阐述了什么是应用行为分析及有关应用行为分析的一些不同于实验行为分析的特点与实证研究标准，即ABA的七大特点，包括：①应用性；②行为性；③分析性；④技术性；⑤概念系统化；⑥有效性；⑦一般性（Baer，Wolf，&Risley. 1968）。

ABA（应用行为分析）基础

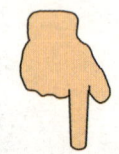

ABA 的七大特点

应用性	行为性	分析性	技术性	概念系统化	有效性	一般性
应用行为分析中最注重培养的是可以改变个体（和他人）生活质量的有"社会意义"的行为技能。例如，社交技能、语言、自理技能、工作技能、消遣技能等都是有社会意义的行为。	无论是教授技能还是改变不恰当行为，被选择的目标行为首先是"需要有改善"的行为。目标行为是可以被观察和测量的。例如，如果需要被改善的目标行为是"提高学生的社交引发"，那么此目标行为首先会被定义（"什么是社交引发？"），之后被记录发生的情况（如：次数、多样性、出现场景）。同时，我们还要看是"谁"的行为发生了改变（学生本人、家庭成员等）。	应用行为分析要求利用严格的实验手段（包括收集数据）来判断行为的"功能关系"，从而来分析行为。通过假设、认证、核实三个阶段来证明行为的功能以及行为介入计划的有效性。	应用行为分析提倡把有所提高/改变行为的步骤都详细地用文字阐述。有了详细描述，任何人在经过培训之后都可以来操作。	应用行为分析提倡无论用什么介入方法来改变行为，出发点都是有实证支持的行为原则。比如前因、行为、与结果之间的关系、正负性、强化原则等。	以应用行为分析原则为根据的康复方法一定是有效的。这里的有效不是理论层面上的有效，而是指"有社会意义"的行为在向我们希望的方向发展与改变。这种有效是通过科学的方法来进行检测和检验的。	运用应用行为分析原则所产生的行为变化是持久的（包括直接受到介入影响的行为和未受到直接介入影响的行为）。产生的行为变化也会出现在多种不同的环境中。

第三节 应用行为分析基本行为原理

治疗者向患者提供一种或多种刺激，患者根据刺激做出一定的反应，治疗者对患者的正确反应提供强化物加以鼓励，对其不当行为则不提供强化物。与传统的行为疗法相比，应用行为分析的运用非常强调个体化，即针对不同的患者采用不同的刺激和强化策略；更注重个体内在需要，强调行为功能，巧妙运用各种行为矫正技术。从个体的需要出发，采用 S-R-C，即"ABC"的模式消除问题行为或塑造社会适应性行为。A（Antecedents）即前提，指问题行为发生前的情境，包括物理环境和他人行为等，它会刺激问题行为的发生；B（Behavior）即行为，通常指需要干预的问题行为；C（Consequences）即结果，指问题行为发生后的情境，也包括物理环境和他人行为等，它对问题行为有强化作用。

应用行为分析是行为干预的一种。人的行为是可以改变的，也是可塑的。它最基本的原理是：

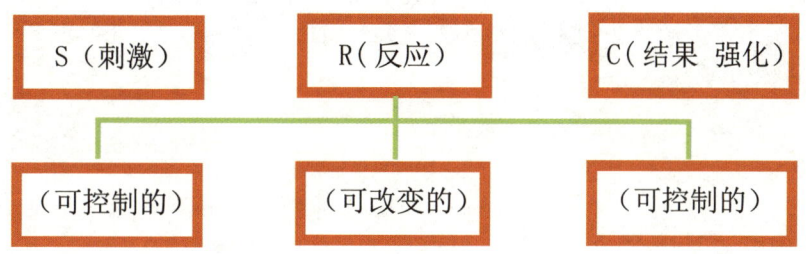

第二章

应用行为分析数据与图表

第一节 数据的收集和记录

本节详细介绍如何利用数据统计来呈现技能习得与辅助的数据，以便指导老师和家长收集基础数据以及日常数据。

数据符号：

+ 正确，独立；− 错误，无回应，辅助

辅助类型：

FP 全躯体辅助；PP 半躯体辅助；G 手势；POS 位置辅助

VS 视觉辅助；VB 语言辅助

一、数据收集表格

实施计划	课程项目	课程分类	指令	反应	数据	正确率以及辅助的次数和类型
基线 回合式教学 维持阶段 2W 1W M	恰当就座	参与技巧	"好好坐着"	会做出坐定闭嘴的反应	⊕ − P (FP PP G POS VS VB)　+ ⊖ P (FP PP G POS VS VB) + ⊖ P (FP PP G POS VS VB)　⊕ − P (FP PP G POS VS VB) ⊕ − P (FP PP G POS VS VB)　⊕ − P (FP PP G POS VS VB) ⊕ − P (FP PP G POS VS VB)　⊕ − P (FP PP G POS VS VB) + ⊖ P (FP PP G POS VS VB)　+ ⊖ P (FP PP G POS VS VB)	60%

ABA（应用行为分析）基础

基线 回合式教学 维持阶段 2W 1W M	眼神沟通（作为听到名字时的反应）	参与技巧	刺激指令1：宝宝看着我 刺激指令2：宝宝	会对名字做出反应、与教师有眼神交流并做出口头回应（比如"在"）	+⊖P(FP PP G POS VS VB) ⊕-P(FP PP G POS VS VB) +⊖P(FP PP G POS VS VB) +⊖P(FP PP G POS VS VB) +⊖P(FP PP G POS VS VB)	+-P(FP PP G POS VS VB) +-P(FP PP G POS VS VB) +-P(FP PP G POS VS VB) +-P(FP PP G POS VS VB) +-P(FP PP G POS VS VB)	20%
基线 回合式教学 维持 (2W) 1W M	接受指令（一步）	语言理解	直接给出一步动作指令	会听从直接指令给出反应	⊕-P(FP PP G POS VS VB) ⊕-P(FP PP G POS VS VB) ⊕-P(FP PP G POS VS VB) ⊕-P(FP PP G POS VS VB) ⊕-P(FP PP G POS VS VB)	⊕-P(FP PP G POS VS VB) ⊕-P(FP PP G POS VS VB) ⊕-P(FP PP G POS VS VB) ⊕-P(FP PP G POS VS VB) ⊕-P(FP PP G POS VS VB)	100%
基线 回合式教学 维持 2W 1W M	对目标的粗大动作模仿	模仿技能	"这样做"并参照目标示范一个粗大动作	会回应以模仿持物粗大动作	+⊖P(FP PP G POS VS VB) +⊖P(FP PP G POS VS VB) +-Ⓟ(FP PP G POS VS VB) ⊕-P(FP PP G POS VS VB) +-Ⓟ(FP PP G POS VS VB)	+-Ⓟ(FP PP G POS VS VB) +-P(FP PP G POS VS VB) ⊕-P(FP PP G POS VS VB) +⊖P(FP PP G POS VS VB) ⊕-P(FP PP G POS VS VB)	30%
基线 回合式教学 维持 2W 1W M	伴随复杂的歌曲和游戏展现动作	游戏/社交技能	与患者唱歌/玩游戏并辅助与歌曲或游戏相关的动作	会参与唱歌或游戏，与教师一起伴随歌曲和游戏做出相应动作	FP Ⓟ G POS VS VB Ⓕ PP G POS VS VB Ⓟ PP G POS VS VB FP PP G Ⓟ VS VB FP PP Ⓖ POS VS VB	FP Ⓟ G POS VS VB FP PP G POS VS VB FP PP G POS VS VB FP PP G POS VS VB FP PP G POS VS VB	6个辅助 （1FP, 3PP 1POS, 1G）

- 执行时间表：执行时间表应能反映出当前阶段的治疗计划。当基线一被设定好，就意味着教师开始执行一个新的教学目标，且教师将遵照基线的规则去完成这个特定的目标。当"回合式教学法"被设定好时，教师也应该运用回合式教学法进行日常教学。当特定的核查计划制定好时（2周、1周或月），教师应当按照特定的时间表运行这些项目或是教学目标。

- 课程方案：课程方案的标题应与每次执行的任务分析标题一致。

- 课程类别：在这一点上，课程类别与应用行为分析教程一致。这是非常有用的，因为当你匆匆查阅数据表格时，你想看到各种项目以多姿多彩的方式开展起来（只要不让受训患者对正在学习的项目感到厌倦，只使用一到两个课程类别，也是可以的）。

- 指令：指令是教师将对受训患者所说的话以及所展现的东西。团队对指令进行变更或是患者所见的呈现物发生变化时，都应记录下来。

- 反应：反应是指期待患者展示且可以记录的正确回应。

- 数据：数据收集这部分展现的是教师在回合式教学中收集的数据。这些数据来自于技能习得项目中10次试验的数据，或是辅助项目中一次试验所得出的数据。这些数据使得应用行为分析师了解到在整个教学试验中受训患者的反应状况，或是为了使受训患者做出正确反应需要用到哪些辅助。

- 正确的百分比或辅助的次数和类型。表格中的这一部分为统计数据（技能习得项目的正确百分比率，以及辅助项目所用辅助的次数和类型）。这一部分的表格内容需要转化为图表。百分率会被记录在技能习得图表上，而辅助的次数和类型也将记录在相应的辅助图表上。

二、收集基线数据

执行计划	课程内容	刺激指令	反应	数据	正确率或者辅助的次数与类型
基线 回合式教学 维持阶段	理解身体各部位功能	摸摸你用来闻东西的身体部位	患者接触身体部位	+ ⊖ P (FP PP G POS VS VB) ⊕ - P (FP PP G POS VS VB) + ⊖ P (FP PP G POS VS VB) ⊕ - P (FP PP G POS VS VB) + ⊖ P (FP PP G POS VS VB) ⊕ - P (FP PP G POS VS VB) + ⊖ P (FP PP G POS VS VB) ⊕ - P (FP PP G POS VS VB) + ⊖ P (FP PP G POS VS VB) + ⊖ P (FP PP G POS VS VB)	50%

● 每项教学目标都应先进行5次小实验。切勿给出任何辅助、强化或以任何方式纠正患者。只简单给出指令，并用+和-记录患者给出的反应。如果在5次小测试中，患者给出了4次正确反应，那么，你可以终止该教学目标的基线数据设定。在任务分析的"基线数据"一栏里记录上该基线数据：80%。

● 如果患者基线数据达到或超过了80%，即可进入下一教学目标，并为该目标设定基线数据。

- 如果在5次小测试中，患者给出了2次或2次以上的错误反应，那么围绕该教学目标再展开10次小测试。立即执行这10次小测试，并计算出基线百分比（10次中有几次给出了正确反应）。

- 在为特定教学目标设定基线数据时，不要给予患者强化，包括口头表扬、微笑、击掌、拍拍肩膀等。同样重要的是，在设定基线数据时，不要进行教学。这不仅包括不告诉患者答案，而且当患者给出正确或错误的答案时，你的面部表情应保持平静。但是，在设定基线数据时，为了确保患者参与的积极性，你可以就某些与教学目标无关的行为给出强化，例如"你坐得真端正"或是"你真棒"。

执行计划	课程内容	刺激指令	反应	数据	正确率或者辅助的次数与类型
基线 回合式教学 维持阶段 2W 1W M	玩因果类玩具	提供迷宫并给出指令"玩吧"	患者玩5次迷宫	(FP) PP G POS VS VB) (FP (PP) G POS VS VB) (FP PP (G) POS VS VB) (FP PP (G) POS VS VB) (FP PP G POS VS VB) (FP PP G POS VS VB) (FP PP G POS VS VB)	4个辅助 (1FP, 1PP, 2G)

三、教学目标基线数据的通用规则和建议

● 在收集基线数据时，轮换呈现给患者的测试项目不要一成不变，因为受训患者很多可能根据你的呈现模式给出反应。

● 只有当你要开展某项特定教学目标时，才去设定该教学目标的基线数据。

● 设定基线数据时，当患者给出正确反应，你无须给出强化。但缺少反馈，有可能会使患者感到很沮丧，因此，你应确保对患者的其他行为（如得体地就坐、眼神交流、积极参与等行为）进行强化。另外，你可以将修正计划巧妙地与你所给出的强化融合起来。

四、收集日常数据

执行标准	课程内容	教师"指令"	反馈	数据	辅助的次数与正确率
基线 (回合式教学) 维持阶段 2W 1W M	操场：秋千	玩秋千吧	患者"荡秋千"	((FP) PP G POS VS VB) (FP (PP) G POS VS VB) (FP PP (G) POS VS VB) (FP PP (G) POS VS VB) (FP PP G (POS) VS VB) (FP PP G POS VS VB) (FP PP G POS VS VB)	5次辅助 (1FP, 1PP, 2G, 1POS)

1. 收集维持数据

在维持阶段，教师将会针对每个教学目标展开一次随机轮换目标的调查性试验。这包括在技能习得项目中，随机轮换所有目标；或是在辅助项目中，对最后教学步骤进行测试。教师应当在数据表格中记录下受训患者面对教学目标的第一反应。

2. 收集自然环境下的数据

自然环境中数据的收集很重要，因为它告诉我们在任务分析过程中，我们针对受训患者展开的教学是有效的，并且受训患者可以将所学泛化到现实活动以及环境中。当我们收集自然环境中的数据时，教学材料、可能运用的指令、教师、环境都应当不同。这样患者才可展示出对所学概念学习与理解的真实状况。数据收集贯穿任务分析整个过程，在任务分析的教学过程中，可使用其他教学材料对技能进行泛化。

3. 已归档的项目的收集

一旦受训患者在自然环境教学中达到了教学要求（即患者在三种新的自然活动中展现出特定技能），那么该项目就可以被存档了。当项目被归档，这意味着患者成功度过维持期，并可以在不同材料、环境、人物对象以及不同指令中泛化和泛化该项技能。归档日期应被记录在任务分析之前，整个教学项目也应当从教学时间表中移除。此外，相关图表也可以从项目书中移除，然后归档在一个单独的活页夹中，以便日后有所需时进行查阅。请将所有归档的图表放在同一个活页夹中，以便于快速参考查阅受训患者在教学过程中的表现。当一位受训患者所参与的教学项目涉及大量不同的应用行为分析的课程时，其归档的教学项目必定会有增加，参与相关教学的教师也会存在变更，收集已归档的记录就显得尤为重要。这便于之后的应用行为分析教师在针对该受训患者展开教学时，能获取该患者在之前整个疗程中所有收获的相关数据。

第二节 绘制图表

图表制作是应用行为分析课程必不可少的组成部分，数据图表有助于体现大批量数据的连贯性，且有助于理解。我们建议，在每次治疗结束后，都应当绘制相关图表（而不是保存起来，一周或一个月才绘制一次）。每次治疗后就立即制作图表，应用行为分析师可以获得一份患者技能习得的完整记录，并可对当下的治疗效果立即进行评估。这使得我们可以更快捷地对当下治疗进行必要的改变或调整。

一、技能获取项目与图表

X（X代表基线）：在任务分析中，新教学目标和新步骤开始前，都应设置一条基线，并用符号"X"标示。基线数与日常数据点不应当连接到数据曲线当中。

●（黑点代表日常百分比）：将●放置在图表中的方格中央，用于记录日常百分比或是患者给出反应的正确度。然后，用线将这些日常百分比点连接起来（这条线即是我们所说的数据曲线）。

//（治疗中的间断）：在图表中，用//记录每次治疗中的间断（例如周末、节假日、生病，等等）。如果治疗产生了间断，请不要将间断前后的日常百分比连接起来制作数据曲线。

|（垂直线代表已经达到的目标标准）：用一条垂直线记录已达到的目标标准。这条垂直线可以对图表中的目标分割，并可快速回顾以及分析数据。

┆（虚线用于显示教学策略产生的变化）：在教学策略中如果发生了变化，可用虚线标明，比如说，强化计划表的变更，或是新教学策略的实行。在虚线旁，写下何种教学策略正被实施是非常有帮助的。这有助于分析正在实施的教学策略哪些对患者有效，哪些是无效的。

第二章
应用行为分析数据与图表

100																		
90																		
80																		
...																		
教师		CT	CT	JK	JK	CT		JK	JK		JK		CT	CT	JK	CT	JK	CT	JK
日期		2013-10-1	2013-10-2	2013-10-3	2013-10-4	2013-10-5		2013-10-8	2013-10-9		2013-10-11		2013-10-12	2013-10-13	2013-10-14	2013-10-15	2013-10-16	2013-10-17	2013-10-18

在上述示例图中阐述的是"命名情感"。图表中的第一项目是在无干扰项的情况下识别快乐。一条实心的垂直线标明一项新的项目开始了。在2013年10月1日，一位应用行为分析的正式教师设置了一条基线，且受训患者的得分为30%（这项得分在本表中用X表示）。这项分数同样也被标记在任务分析的基线栏中。第二天，2013年10月2日，这位教师正式展示教学，目标为F01里的"快乐"。这份数据同时也应当被记录在任务分析里的"日期"栏目中。这个教学项目一直进行到2013年10月5日，期间有两位教师参与教学（CT与JK）。而2013年10月的6到7日，受训患者并未参加治疗。因此，在此表上注明了这期间存在一次治疗间断，间断两侧的2013年10月5日的日常百分比都被记录在图表中：80%（2013年10月8日）与100%（2013年10月9日）。受训患者终于达到了教学目标（在两位教师的监督下，连续3天得分超过80%）；因此，在此处画了一条表明已达到目标标准的实心垂直线（这项数据同时也需要记录在任务分析里的"教学目标实现日期"中），随后，一项新的教学目标出现在了图表中（在一段垂直线之后），第二项教学目标是在有一个干扰项的情况下识别"快乐"（F02）。基线被设置在80%的位置上。这表明，这项技能在没有教学的情况下自然而然地从F01阶段泛化到了F02阶段。基线百分比、开展日期与掌握日期（基线日期为2013年10月11日）都应当记录在任务分析当中。在这个例子中，最后的教学目标是在有两个干扰项的情况下识别"快乐"（F03）。在2013年10月12日这个日期上，一个"X"符号表明此项教学的基线分数是50%。这项教学持续的时间是从2013年10月13日到2013年10月18日，在18日那天，受训患者终于达到了这项教学的F03阶段。在其他所有的教学目标中，这样的教学程序周而复始地得到使用。

二、辅助项目与图表

X（X 代表基线）：在任务分析中，新教学目标和新步骤开始前，都应设置一条基线。并用符号"X"标示。基线分数（X）不应当与日常分数一起连接到数据曲线当中。如果受训患者在无辅助状况下独立地达到基线分数，那么此项教学目标可视作已经达成，教师可以开展任务分析所列出的下一个教学目标（画出下个教学目标的基线）。

●（黑点代表日常百分比）：将●放置在图表中方格中央记录受训患者为完成当前教学步骤或是教学目标所需要的辅助次数。将疗程中每个阶段所需要的辅助次数用曲线连接起来（这条线即是数据曲线）。

//（治疗中的间断）：在图表中，我们用 // 表示治疗中出现的停顿（比如，节假日、生病等）。当出现治疗间隔时，请勿将治疗间断前后的辅助百分点连接起来。

|（状态线代表目标标准已经达到）：当受训患者达到目标标准后，用一条直线进行标示。

¦（虚线表示教学策略发生改变）：当教学策略发生改变，用一条虚线进行标示。

10														
9														
8														
7		伴随音乐抢座位游戏						击鼓传花游戏					提高强化密度	
6														
5	X						X	●	●	●	●	●		
4		●												
3			●		//									
2				●									●	
1														
0					●	●	●							
辅助		5FP	4FP	3FP 1G	2G		5FP	5FP	5FP	4FP 1G	4FP 1G	5FP	2FP 1PP	
教师	CT	JK	CT	CT	CT	JK	JK	JK	CT	CT	JK	CT	JK	CT	JK
日期	2013-10-1	2013-10-2	2013-10-3	2013-10-4	2013-10-5	2013-10-8	2013-10-9	2013-10-11	2013-10-12	2013-10-13	2013-10-14	2013-10-15	2013-10-16	2013-10-17	2013-10-18

第二章
应用行为分析数据与图表

在这个示范图中，首选患者接受"参与复杂歌曲与游戏"这项教学项目，这项任务分析要求应用行为分析教师记录辅助数据（辅助的次数与类型）。在图表中，写有教学目标（伴随音乐抢座位游戏），同时在 2013 年 10 月 1 日标示出基线。在具体日期上标出基线的同时，辅助的次数与类型也应当标示在图表中。基线 X 记录了受训患者成功完成教学步骤或教学目标所需要的辅助总量。在 2013 年 10 月 1 日，受训患者成功完成教学目标需要 5 次辅助。在标注得分的第 5 横排用符号 X 标示出辅助次数，同时在辅助次数栏中注明所用辅助的类型（全躯体辅助，5FP）。在上述示范图中我们可以看到，引入教学的日期是 2013 年 10 月 2 日，在接受了 4 次辅助之后受训患者圆满完成了任务。在 2013 年 10 月 6 日到 7 日这两天，受训患者没有接受治疗。在图表中记录了这段治疗间断，且间断两端的日常数据，即 2013 年 10 月 5 日与 2013 年 10 月 8 日的治疗数据没有连接起来。辅助数据的标准是在两个教师持续 3 天的教学中零辅助完成教学目标或教学步骤。在上示范图中显示，2013 年 10 月 9 日，是连续 2 天治疗中的"目标达成日期"。第二项目标（击鼓传花游戏）引入的时间是 2013 年 10 月 11 日。受训患者需要 5 次辅助，这证明在这 5 天中，患者在学习方面没有出现任何进展。因此，2013 年 10 月 17 日，实施了一项教学策略（提高强化的密度）。在这里，图表中标示了一根虚线，表明教学目标并未发生改变，但引入了一项教学策略。用虚线标注这项教学策略有助于日后参考查阅教学策略的使用状况。

三、积极稳定的学习趋势

积极稳定的学习趋势是一种我们力争达到的结果，这表明受训患者处于学习状态，且项目取得进展。这种学习趋势，按照你所执行的教学项目的需求，可进行升序或降序排列。如果你正在执行一个技能习得项目，且结果以正确的百分比呈现，那么，一个升序趋势图表示该行为得到了提升或改善，患者成功习得所学技能，且无需相关处理。如果你正在执行一个辅助项目，那么降序趋势图表示受训患者已习得技能，且无需额外的教学策略。

技能习得图						
100						
90						
80						
70	"快乐" F01（无干扰项）					
60						
50						
40						●
30					●	
20		●—●				
10				●		
0	X					
教师	CT	CT	JK	JK	CT	CT
日期	2013-10-1	2013-10-2	2013-10-3	2013-10-4	2013-10-5	2013-10-6

辅助图						
10						
9						
8	X	●—●				
7	伴随音乐抢座位游戏					
6					●	
5				●		
4						●
3						
2						
1						
0						
辅助	3FP 5G	4FP 4G	5FP 3PF	3PP 2G	2FP 4G	1FP 3G
教师	JK	CT	CT	JK	CT	JK
日期	2013-10-11	2013-10-12	2013-10-13	2013-10-14	2013-10-15	2013-10-16

四、多变学习趋势或断续学习趋势

当患者在学习某项特定的技能或进行某个教学步骤时，其数据收集图上出现多个波动，这意味着患者处于多变学习趋势当中。当受训患者展现出这种学习趋势，这表明在这个阶段需要实施教学策略，并通过进一步的观察确定出现这种学习趋势的原因。多变学习趋势的形成一般由多种因素决定的，包括但不限于强化的执行（例如，强化不够密集等）、技能教授的器具、教师的更换、疗程实施的一致性问题及受训患者的疾病。

技能习得图						
100						
90						
80						
70						
60				●		
50	说出货币的面值					●
40		X				
30						
20						
10			●			
0					●	
教师		CT	CT	JK	JK	CT	CT
日期		2013-10-1	2013-10-2	2013-10-3	2013-10-4	2013-10-5	2013-10-6

辅助图						
10						
9						
8						●
7				●		
6	X	●				
5	洗脸洗手					
4					●	
3			●			
2						
1						
0						
辅助		4FP 2VB	3FP 3G	2FP 13G	4FP 3PP	3FP 1G	5FP 3G
教师		CT	CT	JK	JK	CT	CT
日期		2013-10-11	2013-10-12	2013-10-13	2013-10-14	2013-10-15	2013-10-16

五、静止学习趋势

　　静止或停滞学习趋势呈现为数据曲线缺乏动态变化，或是在学习特定技能时，患者学习效率呈现出静止状态。当一个受训患者呈现出静止学习趋势，这意味着受训患者此时已经处于学习停滞期，需要制定合适的教学策略帮助受训患者持续学习技能，克服学习停滞状态。

技能采集图							
100	说出身体各部位（如耳朵）的功能						
90							
80							
70							
60							
50							
40							
30		●	●	●	●	●	●
20		X					
10							
0							
教师		CT	CT	JK	JK	CT	CT
日期		2013-10-1	2013-10-2	2013-10-3	2013-10-4	2013-10-5	2013-10-6

辅助图							
10	拉开拉链						
9							
8							
7		X					
6							
5			●	●	●	●	●
4							
3							
2							
1							
0							
辅助		2PP 3G	3FP 2G	2VB 3PP	2FP 3G	4PP 1G	
教师							
日期		2013-10-11	2013-10-12	2013-10-13	2013-10-14	2013-10-15	2013-10-16

六、零学习趋势

零学习趋势一般表现为受训患者持续需要全身辅助或给出反应的准确度总是0。当受训患者呈现出零学习趋势时,这意味着他们并没有学习,在这个阶段需要制定教学策略,并需要进一步观察以确定产生这种零学习趋势的原因。与多变学习趋势一样,强化不当,训练材料的选用不当,疗程实施的一致性与患者的疾病不匹配,都有可能导致零学习趋势的出现。

我们建议,如果受训患者超过 3～5 个治疗期呈现出多变学习趋势、静止学习趋势或是零学习趋势(日期数取决于该受训患者所处的等级),那么,这时应当调整教学策略。当然,除去这些教学策略之外,应用行为分析教师也应当考虑其他治疗方案,如将教学步骤或是技能分解成更小的部分,更换治疗材料,确保患者已具备预备技能,改善教学环境,以更利于患者学习,对疗程执行的一致性进行评估,或是添加一段时间的辅助。一旦你对治疗做出了改变或是添加了新的策略,持续评估就显得相当必要。此外,同样重要的是,应当确定你将如何消退你的教学策略,如视觉线索。与一位注册应用行为分析师一起共事是相当有帮助的,对排查学习困难与决定策略的实施都是很有助益的。

技能习得图						
100						
90						
80						
70						
60						
50	分辨声音					
40						
30						
20						
10						
0		X	●	●	●	●	●
教师		CT	CT	JK	JK	CT	CT
日期		2013-10-1	2013-10-2	2013-10-3	2013-10-4	2013-10-5	2013-10-6

辅助图						
10		X	●	●	●	●	●
9						
8						
7						
6	丢手绢游戏					
5						
4						
3						
2						
1						
0						
辅助		5VB 5FP	6FP 4G	6VB 4FP	7FP 3G	4FP 6G
教师		CT	CT	JK	JK	CT	CT
日期		2013-10-11	2013-10-12	2013-10-13	2013-10-14	2013-10-15	2013-10-16

第三章

应用行为分析原理与应用

第一节
强化原理与应用

强化的概念及方式

强化指的是一个行为之后紧随一个结果,这个结果导致该行为在将来发生的可能性增加的过程。强化可以分为正强化和负强化。

在实施强化的过程中,如果增加一个刺激,就叫做"正",如果移除一个刺激,就叫做"负"。因此呈现某事物、导致行动者愉快并使行动者特定行为表现频率增加,就叫正强化;如果移去某事物、导致行动者愉快并使行动者特定行为增加,就叫负强化。

ABA（应用行为分析）基础

强化是应用行为分析中常用的训练技巧之一。强化可以提高患者的学习动机，高涨的学习动机意味着患者对所学技能有了更强的兴趣，因此，我们更容易帮助患者在这个技能领域得到改善和进步。

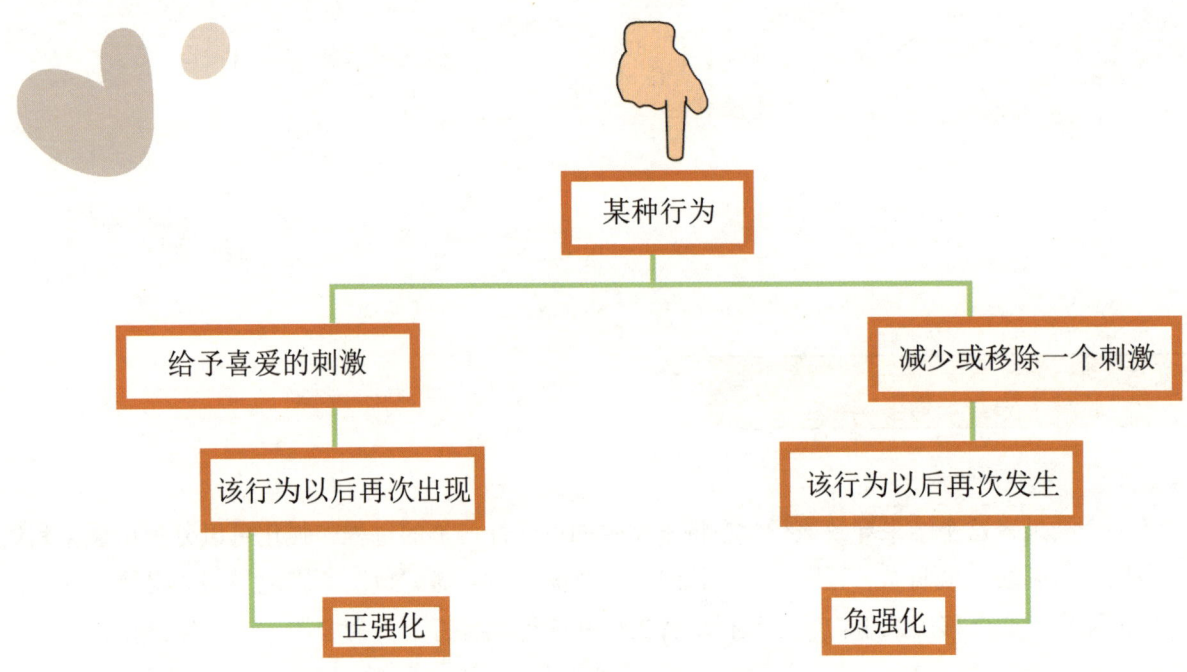

第三章 应用行为分析原理与应用

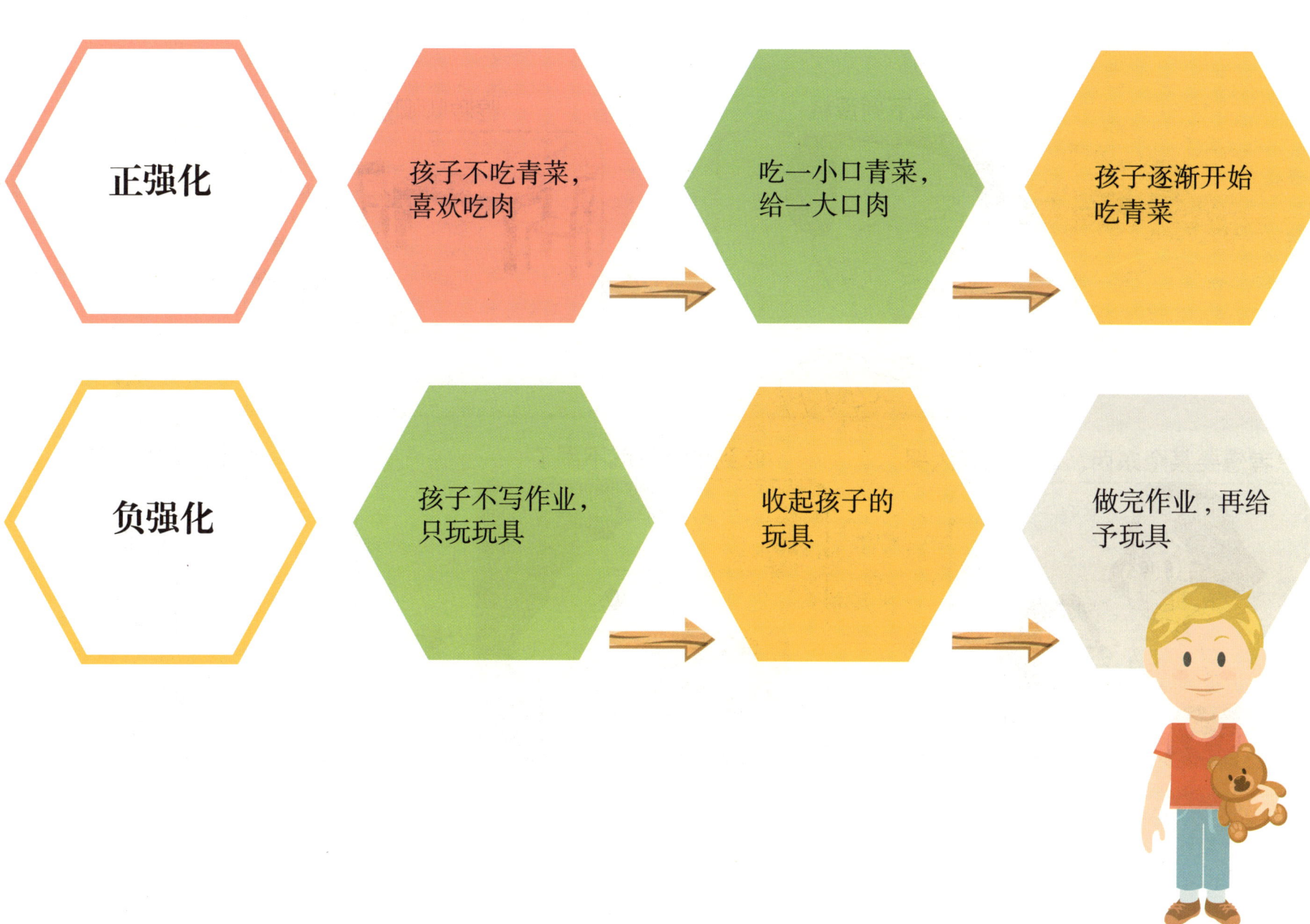

ABA（应用行为分析）基础

第二节
消退原理与应用

消退属于降低行为发生率的技术之一,是原来受到强化的行为不再被强化的过程,其作用在于降低某种反应在将来发生的频率,以达到消除某种行为的目的。

案例1

人物:	一个不会说话的3岁男孩
焦点行为:	跺脚哭,拿拳头砸自己的头和撞电视
问题发生的背景:	妈妈在房间里做着家务或者是其他工作,宝宝感觉无聊,想看电视。
问题行为的描述与发展:	在开始时主要是跺脚哭,偶尔以拳头打自己脑袋,后来发展到用拳头频繁地打脑袋,并且哭得越来越厉害,还出现用头撞电视的行为。
结果事件:	家人会过来安慰、哄劝儿童,同时把电视打开,给调好动画片。

通常,如果家人在孩子身边,他只是哼哼几下或轻微地打几下头就能得到满足,但是如果家人在其他房间里,或者没有注意到他的哼哼或者打头,就会发展到跺脚哭,拿拳头打自己的头,或者是撞头行为。此时家里人往往就能注意到,跑过来满足他。

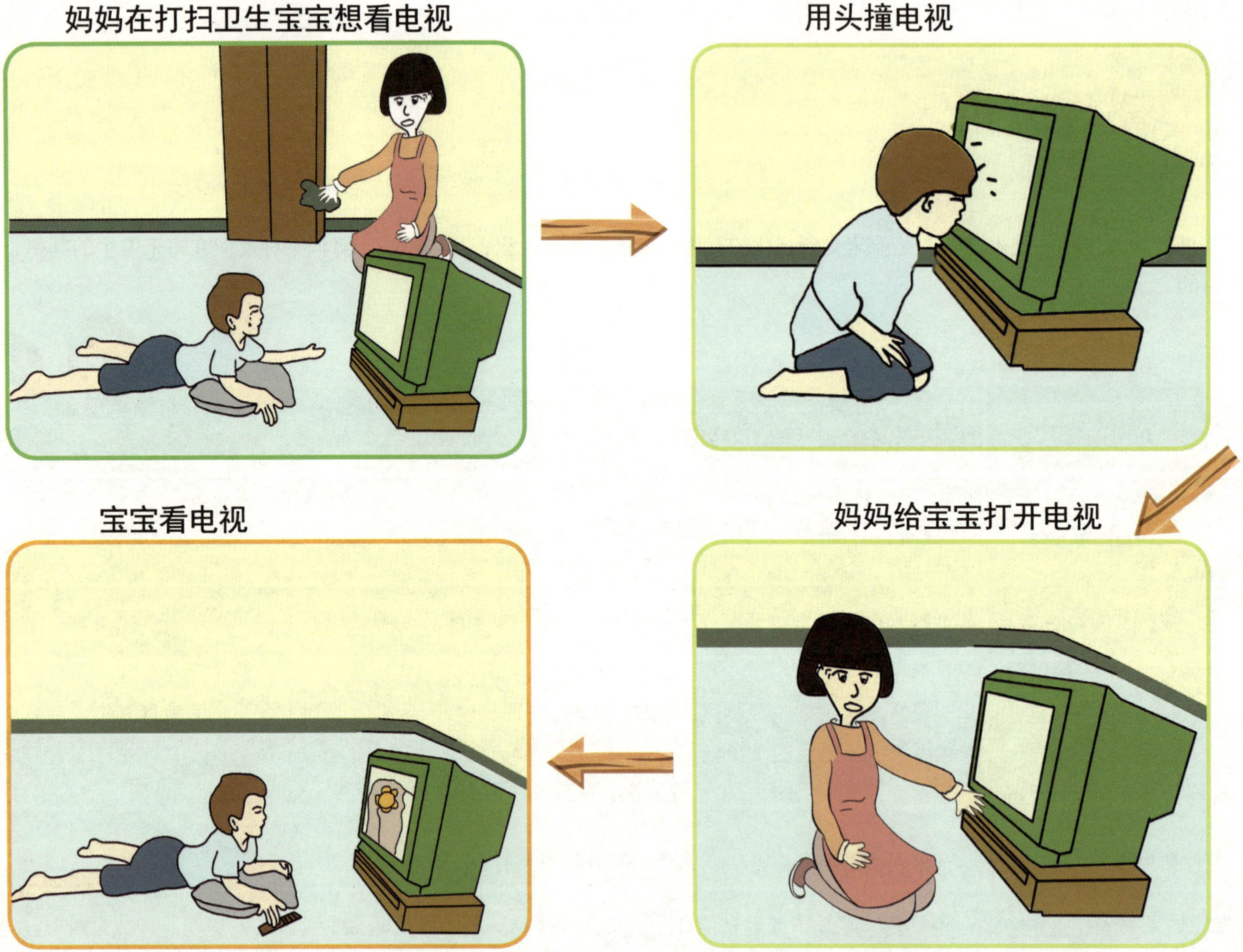

妈妈在打扫卫生宝宝想看电视

用头撞电视

宝宝看电视

妈妈给宝宝打开电视

总结

在这个例子中，小男孩成功获得了家人的注意（包括给予安慰、哄劝等行为），同时也满足了他想看电视的要求。按照消退原理，欲消退该问题行为，必须停止给予强化，也就是说，在确保他不出大的安全问题的情况下，不管他哭成什么样，闹成什么样，都不关注，他也不要在此时满足他看电视的要求。只要意志坚定，而他又哭不坏、撞不坏，那么这个行为必将减少，直至消失。

消退法的操作：

当面临问题行为发生的时候，可以建议家长在同样的情境下及时来到儿童的身边，但不是马上把他想要获得的东西给他，而是拿到这个东西，俯下身子，问："你是想看电视吗？"然后辅助儿童点头（如果他不会自发地点头），在儿童点头之后，打开电视机，并说："你想看电视，看吧。"在这个过程中，除了哭和跺脚以外，要及时到位地制止儿童其他自伤的行为，但不要给予言语的提示，也不要安慰或者劝哄他。同理，如果对有语言或者模仿语言的儿童，可以要求儿童用适合他的水平的言语来表达出这个愿望或者要求。

案例 2

人物：	一位上了小学的男孩
焦点行为：	讨价还价，在地上耍赖或者扔撕作业本
问题发生的背景：	通常发生在患者不愿意做的这件事上。患者此时可能在独自玩耍，或者看动画片，或者在玩游戏，妈妈发现他作业还没做，已经玩很久了。
结果事件：	基本每次都是在打骂一顿之后，他才能把作业做完。

在要求儿童启动一件他不情愿做的事情时，儿童往往可能会表现出拖延、磨蹭或者逃跑、回避的行为，或者制造一点麻烦或困难，吸引管理者去矫正新的问题，从而逃避或者拖延了儿童厌恶的事情。任何构成对所厌恶任务的拖延和逃避的措施都得以强化，维持这些问题行为的强化物就是逃避或者拖延了任务的启动，要消退儿童的逃避、拖延行为，就是在当下让他逃避、拖延不成功。

第三章
应用行为分析原理与应用

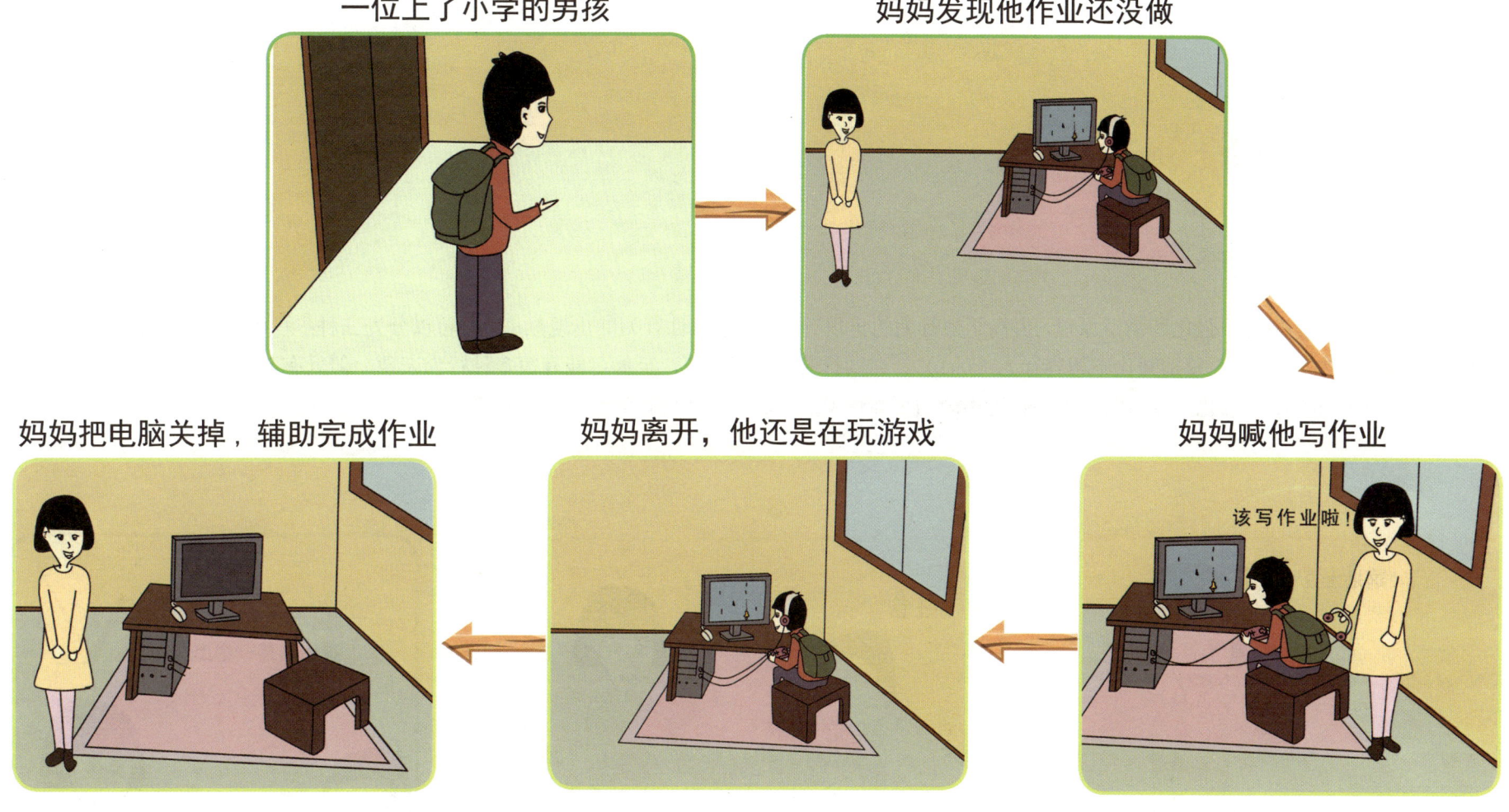

第三节
差别强化原理与应用

差别强化原理是指运用强化和消退原理，提高正性行为的出现频率，减少负性行为的出现频率。它可以分为三种：差别强化替代行为（DRA）、差别强化其他行为（DRO）、差别强化不相容行为（DRI）。在同样的前提背景下，个体可能有很多种行为表现，但只有某一种行为会得到强化，而其他任何行为都得不到强化，则该情境下该行为出现的可能性增加，而其他任何行为都将减少或者消失。

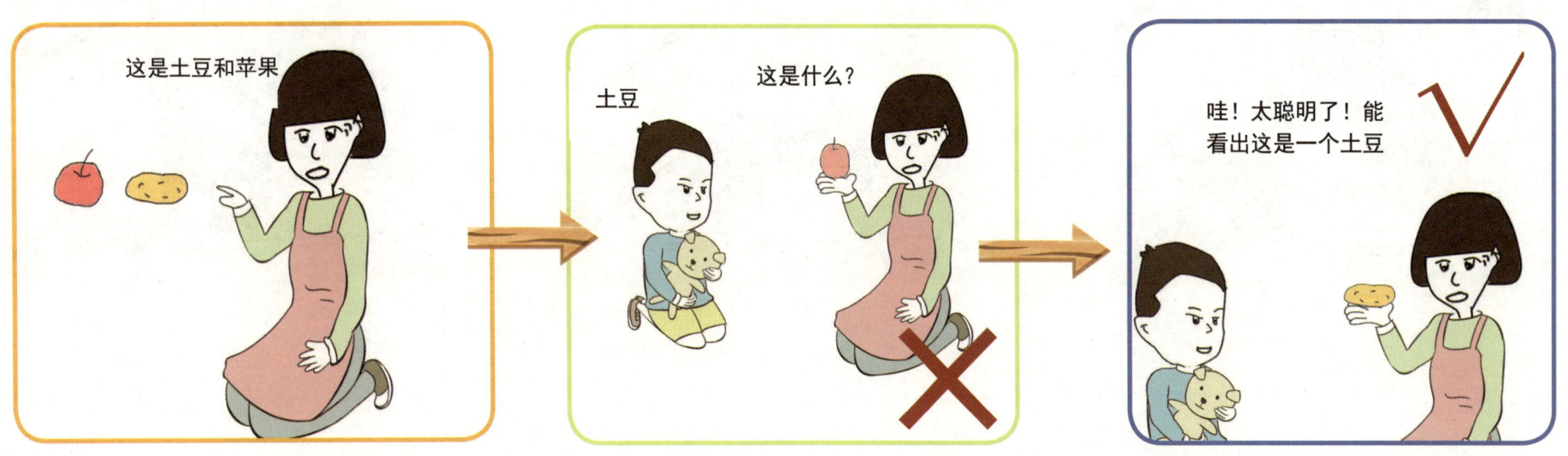

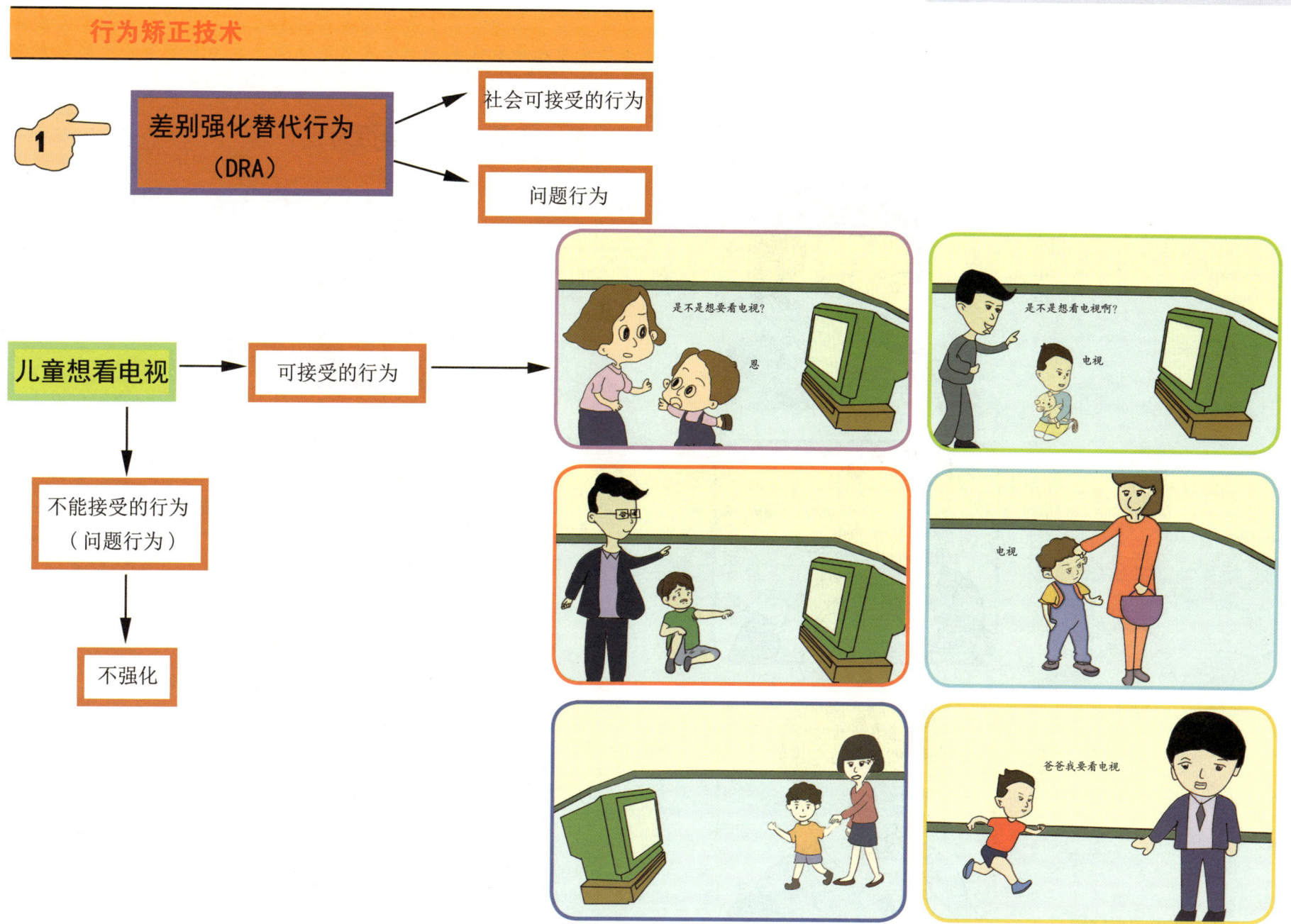

ABA（应用行为分析）基础

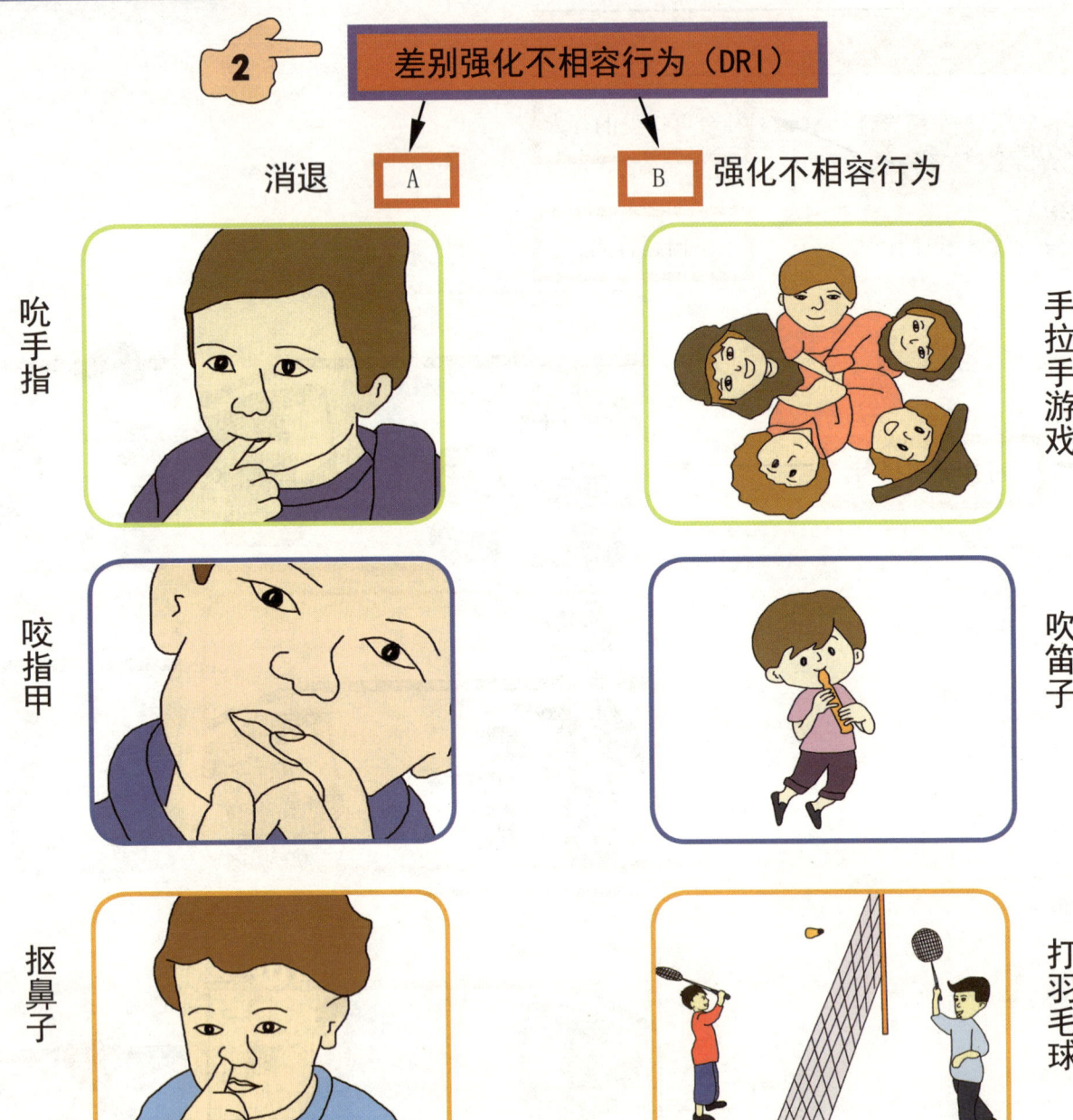

2 差别强化不相容行为（DRI）

消退 A　　B 强化不相容行为

吮手指　　手拉手游戏

咬指甲　　吹笛子

抠鼻子　　打羽毛球

第三章
应用行为分析原理与应用

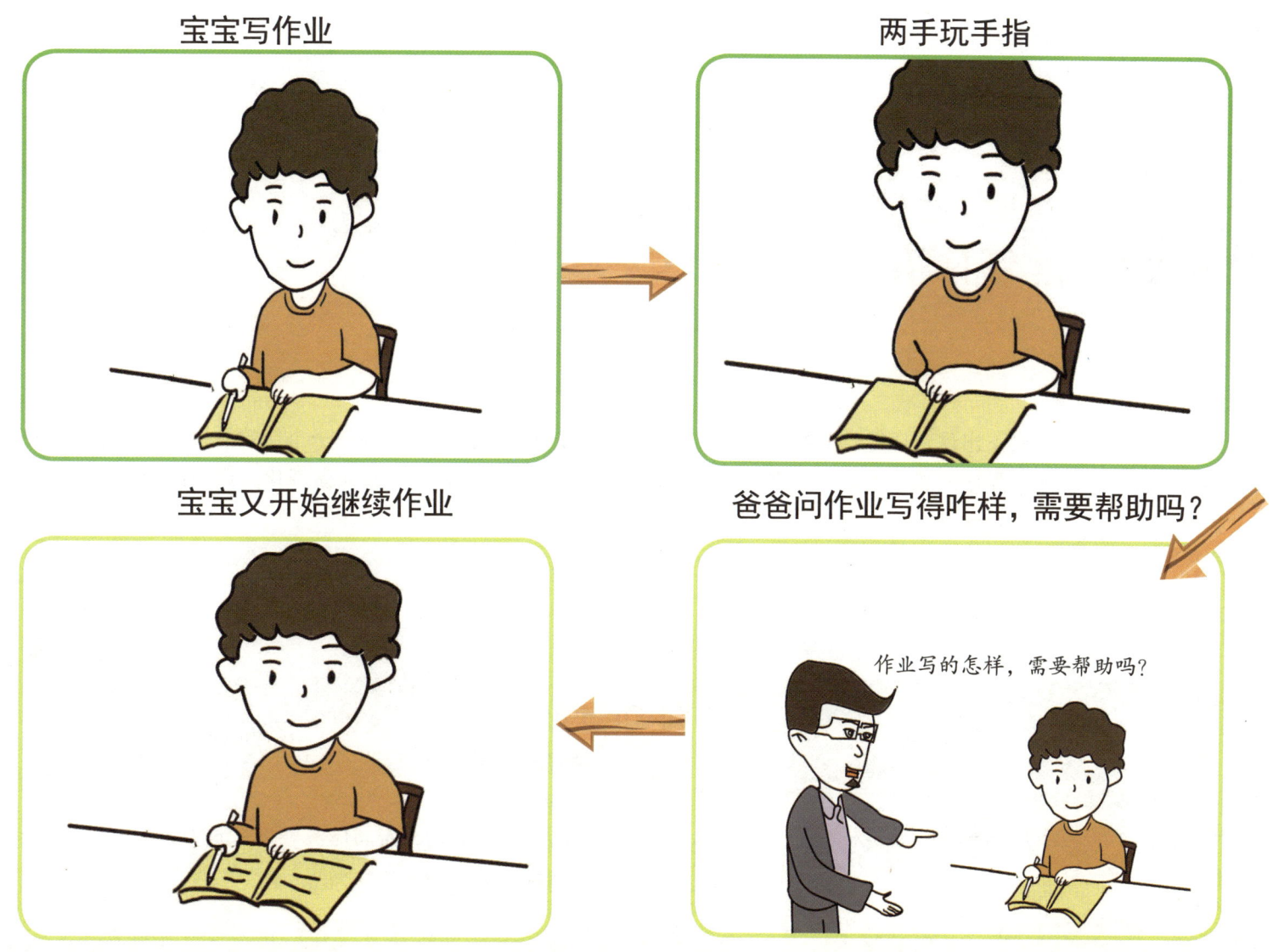

策略：在启动不相容行为强化程序时，尽量不让儿童注意自身的不良行为习惯。可以鼓励儿童主动意识到自己的不良行为习惯，并通过转移活动的方式减少其不良的行为频率。

第四节
泛化训练原理与应用

如果某个行为在不同的前提背景下出现,在每一个背景里出现该行为都会受到强化,则该行为在一个新的前提背景里出现的可能性增加。使某行为在不同的前提背景里都受到强化,当一个全新的前提背景呈现时也出现该行为,这个现象叫做泛化,这个过程叫做泛化训练。

泛化训练	区辨训练
鼓励行为者淡化某行为的前提背景中的区别,以不变应万变	鼓励行为者加强对前提背景区别的认识,在而且仅在某特定的前提背景下才出现某行为

一、泛化训练策略

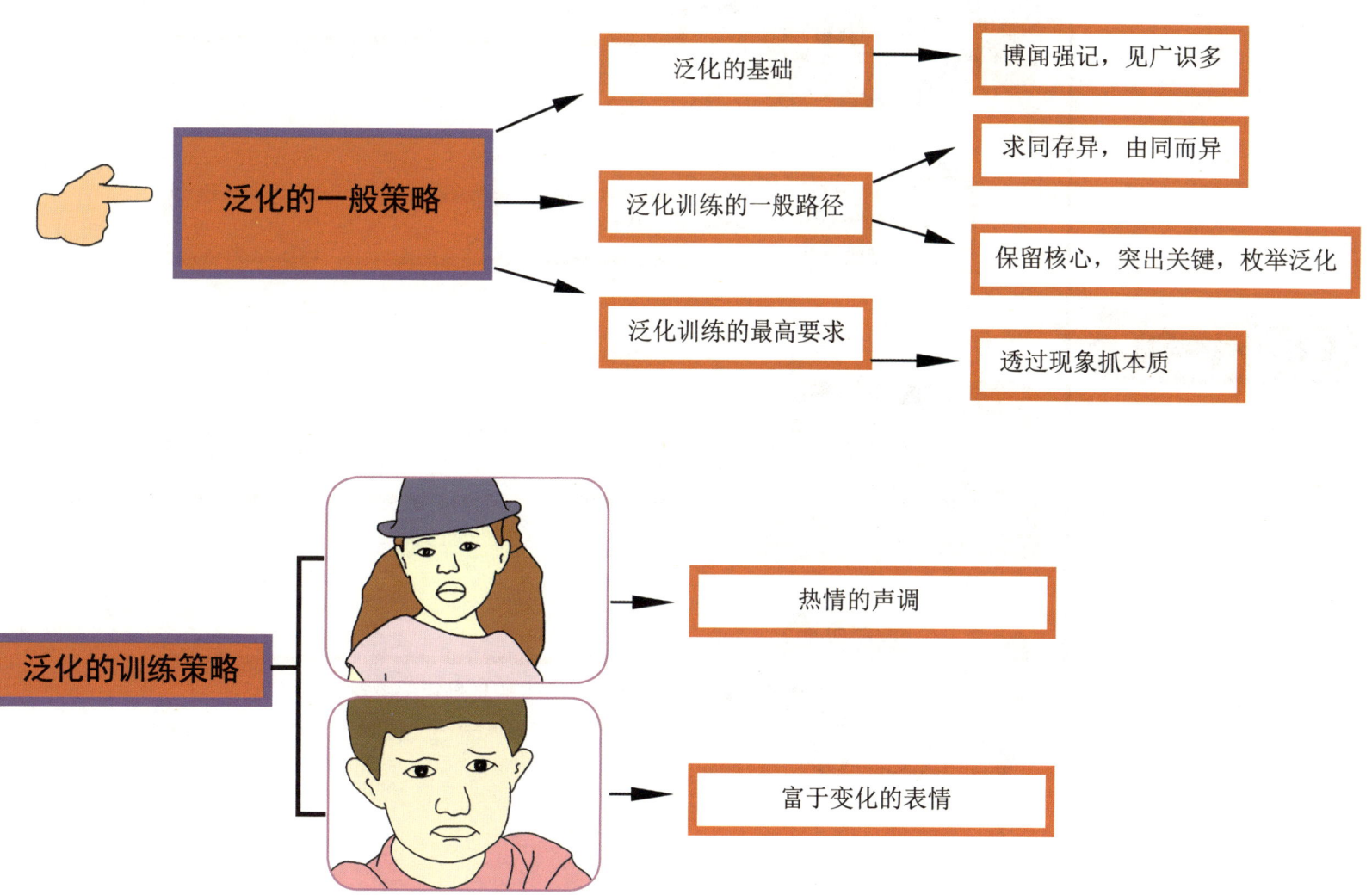

```
                    ┌─→ 变化的背景
                    │
                    ├─→ 变化的教学者
泛化的训练策略 ─────┤
                    ├─→ 变化的指令
                    │
                    └─→ 变化的，与生活息息相关的材料
```

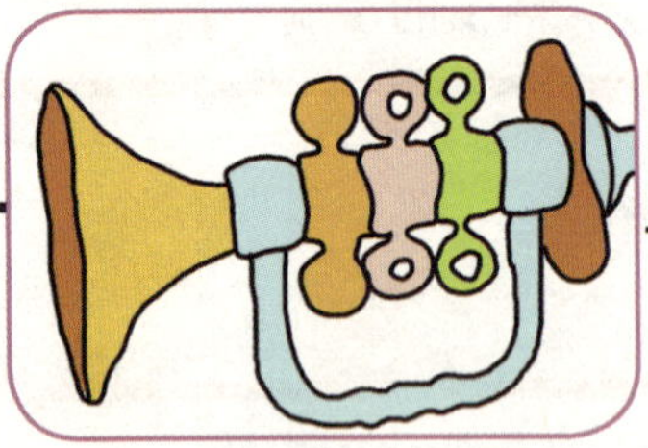

第三章 应用行为分析原理与应用

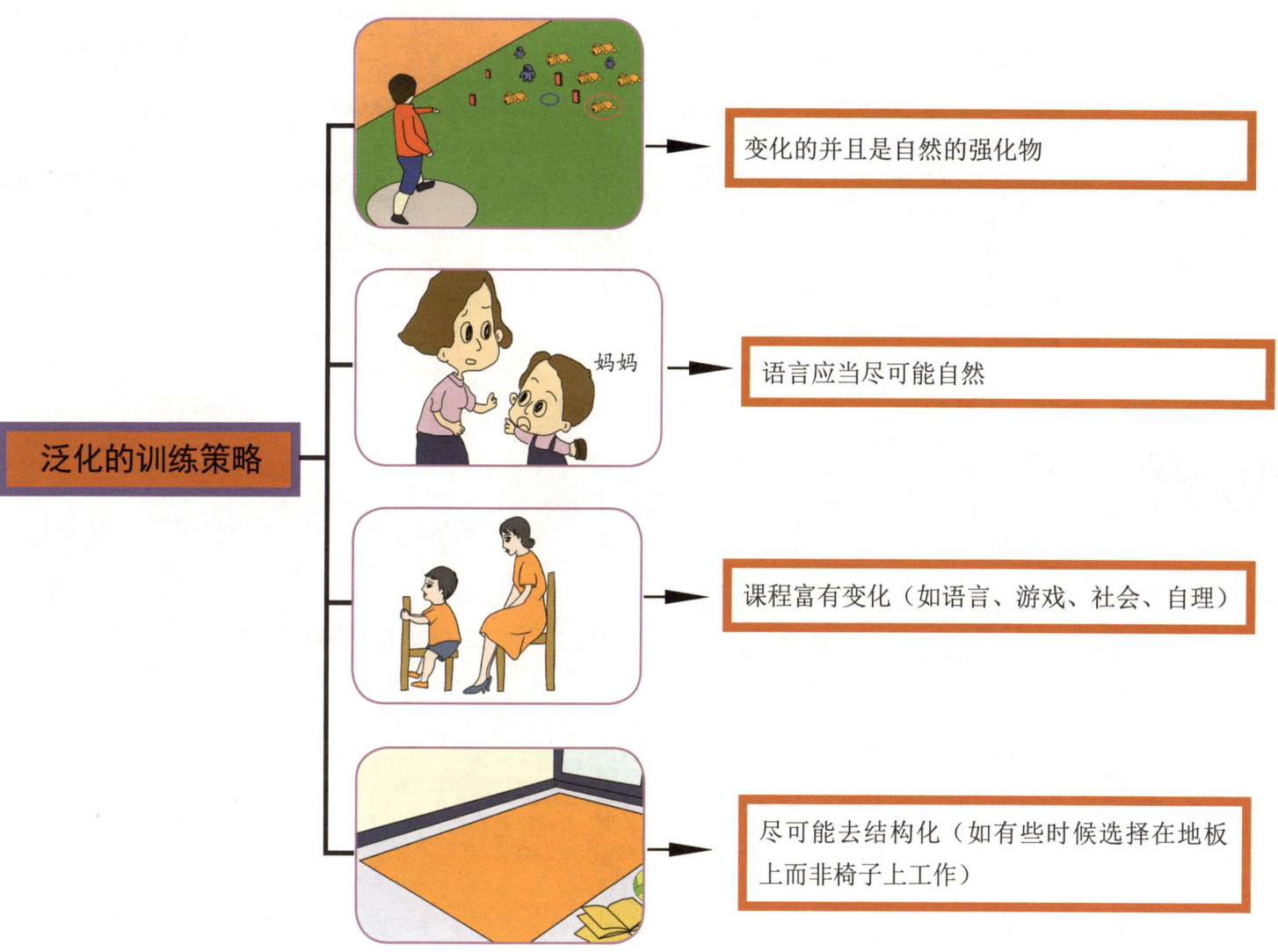

泛化的训练策略
- 变化的并且是自然的强化物
- 语言应当尽可能自然
- 课程富有变化（如语言、游戏、社会、自理）
- 尽可能去结构化（如有些时候选择在地板上而非椅子上工作）

第四章

应用行为分析的教学策略

第四章
应用行为分析的教学策略

不同的患者，学习效率也各有不同，在学习过程中可能遇见的困难也不尽相同。教师应该根据每一个个体的实际需要，为其制定个性化的教学策略，以促进患者更高效率地学习和更快获得新技能。患有孤独症及其他发育迟缓的患者仍具备学习的潜力，但他们可能会需要不同的训练策略来帮助他们最大限度地发挥出全部潜力。本章节给出了一些有价值的信息和方法来实现多种教学策略，用于提高患者的学习效率，并解决他们在学习过程中可能遇到的困难。

应用行为分析教程承认辅助、强化以及对教学项目的重复演示是应用行为分析课程的基本要素，在学习每一项新技能时都应实施。不过，我们应当认清，即便运用辅助与强化，许多患有孤独症的患者在学习新技能时仍会困难重重。因此，在本章节中提供了一系列行为训练策略，这样一来，面对处于学习新技能困境中的患者，教师或父母能更为得心应手。

第一节 等级系统

由于每个患者学习效率不同,我们提供以下等级系统作为应用行为分析教程的修正,使之更符合患者情况并指导我们展开个别化教学。通过修正教学策略使之适应每个患者的个别化需求,可以有效提高患者的学习能力和学习效率。这套系统由三个等级构成,其中包含了对任务分析的相关修正,如:刺激指令的呈现,应达成的标准、何时加入教学策略并对消退程序进行修正,自然环境下的教学与建立项目档案。这些建议只作为指导,提供一些促进技能习得的解决方法。

等级一

等级一是指那些非常年幼、掌握技能相对比较慢的患者,他们是应用行为分析的入门者,通常机能比较低、无法进行言语沟通以及在一段时间的无干预状态下,技能会产生退化。处于等级一的患者应严格遵循任务分析的规定(例如:每次只学一个目标,每两个目标进行一次随机循环训练)。这样的患者在应用行为教程中,可以先针对大约 10 到 12 个新项目进行学习。在行为得到控制后(例如:患者可以坐下并遵循教师的基础指令),你可以在应用行为分析课程中加入新的教学项目,当患者面对额外的训练项目表现得越来越得心应手时(例如,原本受训患者需要两小时才能完成 10 到 12 个教学项目,现在只需要 105 分钟便可完成),教学项目便可进入维持阶段。对处于等级一的患者来说,如果通过仔细诊断确定其连续 5 个治疗日呈现出无学习趋势、多变的学习趋势或学习停滞趋势,那么教师应当加入新的教学策略来促进学习。

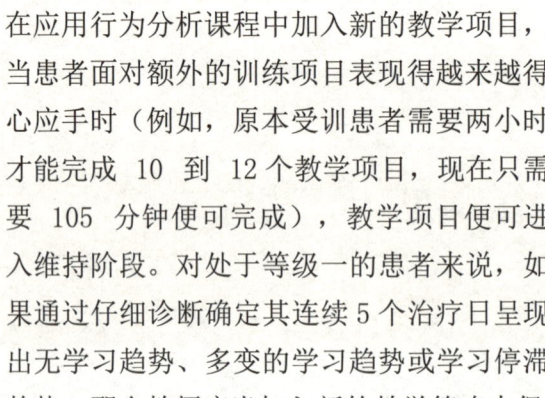

综上所述，对于处于等级一的患者而言：

- 遵循任务分析的设计要求。

- 选择 10～12 个项目展开学习。

- 在患者行为得到控制后，可加入额外的项目；当患者对完成项目越来越得心应手之后，项目进入维持阶段。

- 如果连续 5 天呈现无学习趋势、多变学习趋势或学习停滞趋势，那再加入一条新的教学策略。

等级二

等级二是指那些显示出相对迅速学习曲线的患者。这些患者可能已经接触过应用行为分析课程，且分析图表所显示的学习趋势表明该患者能快速掌握所学目标，或在一天的训练当中，患者能达到 80% 的反应正确率，或做到零辅助，他们能持续维持所在等级的标准，能在其他连续的几天内保持 80% 的反应正确率或做到零辅助（正确率没有降低或减少）。

针对处于等级二的患者，我们可对任务分析进行相应修改，为促进患者更快习得技能和完成教学项目，我们允许在同一个时段学习两个教学目标（有别于规定中一个时间段只学习一个教学目标）。并将任务分析的目标标准由之前的连续三天技能呈现正确率为 80% 或能做到零辅助降低至连续两天便可。随后便可开展下两个教学目标的学习。

这个级别在语言理解这一类任务分析上也有所修正。针对等级二的受训患者，教师应该一开始就通过呈现三个相关物品或卡片来测试所有语言理解项目的基线，这一点有别于任务分析中明文规定的一个相关目标。如果患者给出反应的正确率为 50% 或更高，那么教师应当继续以 3 个物品或卡片来测试基线。如果反应的正确率徘徊在 30%～40%，那么教师应当回到 2 个物品或卡片的标准来展开教学，一旦受训患者掌握了 2

个物品一组的目标标准,再移至3个物品或卡片一组。如果反应正确率低于30%,那么教师应当改回使用1个物品或卡片的标准来进行教学。通过这种修正,如果一个患者能一开始就以3个物品或卡片的标准展开学习,那么他便可以节省出宝贵的时间。

我们发现,在应用行为分析教程中处于等级二水平的患者一旦掌握的技能就很难失去。因此,对于那些处于等级二的患者,当他圆满完成任务分析的最后几个步骤后(泛化到第二个自然环境中),在他进入消退环节之前,教师应该在自然环境中对他所学的技能进行测试。如果患者能在自然环境中进行技能泛化(至少实现三种活动/自然环境下的泛化),那时,课程就算完成了(不需要进行维持计划)。如果在测试中,患者无法实现自然环境中的技能泛化,那么应在自然环境中再测试一次,随后再转入维持阶段以当作一次额外的练习。如果患者可以在一到两种自然环境中展示技能,那么持续在自然环境下的教学,直至患者能在至少三种活动/环境中实现技能的泛化。

等级二对任务分析的修正还包括不止一个刺激指令(在任务分析中,常包含多个刺激指令,如刺激指令A、刺激指令B等等)。针对这样的任务分析,当你执行第二个刺激指令时(刺激指令B),直接测试这个刺激指令的最后一步。如果患者反应的正确率为50%~70%,那么继续针对该教学步骤展开教学。如果患者反应的正确率为40%或更低,那么返回到刺激指令B,并对这个步骤展开教学。举个例子,假如你正在进行"简单的请求"这个教学项目,刺激指令A包括呈现出患者渴望得到的物品,并问:"你想要什么?"在患者达到该教学项目前16个教学步骤(10个教学目标以及在两种自然环境下进行技能泛化)的标准之后,教师可就第31个教学步骤进行测试,即向患者展现10种不同的他渴望得到的物品,同时问他:"你想要什么?"如果患者的正确反应达到50%或更高,那么教师便可决定升至这一教学步骤。这使得患者可以跳过教学步骤17~30,不仅节省宝贵的时间,也保证了患者可继续学习该技能。值得提醒的是,直接跳到第二个刺激指令(刺激指令B)的最后一步并非总是行之有效,所以需要教师仔细斟酌判断。例如,在进行"数数"的项目教学时,刺激指令A包括告诉患者"数数",刺激指令B则要求患者数到一个具体的数字。在这项任务分析当中,建议对所有刺激指令进行提前测试,确保患者能学会数数,并能在指定数字上停止。

处于等级二的患者,测试其在不同环境中随机循环1~4教学目标完成训练的情况,如果患者能呈现出50%或更高的准确率,那么可以继续在不同环境里训练已有教学目标或后继目标。如果患者显示出40%或更低的准确率,那么在一个治疗环境中针对已有和后继项目展开教学,直至患者能在其他环境中实现技能泛化。针对这项修正,如果患者可以在不同环境下实现随机循环目标1~4或更多目标的泛化,那么教师可以跳过其他环境下的技能泛化,直接跳至任务分析的最后部分。因为技能泛化已经包含在此前的目标教学当中了。

最后,在这个等级里,因为患者展示出较快的学习效率,如果患者连续三天(而不是五天)表现出无学习趋势、多变学习趋势或学习停滞趋势,那么应增加一个教学策略。

综上所述,对处于等级二的患者来说:

- 为达到目标要求,患者只需连续两天而不是三天呈现出正确率为80%的反应或需要零辅助。

- 同时展开两个目标的教学而不是一个。当你同时教授两个学习目标时,你应随机轮换展示学习目标,这样你便可以跳过教学目标1、2的随机循环测试,因为你已经在教学中展开过针对训练。另外,你只需要画一条线代表这两个教学目标。

- 在展开与语言理解相关的任务分析时,教师可先按照3个物品或卡片一组的标准设置基线(而不是1个物品或卡片):

  如果反应正确率为50%或更高,继续按照3个物品或卡片一组标准展开教学。

  如果反应正确率在30%~40%之间,按照2个物品或卡片一组的标准展开教学。

  如果反应正确率在30%或以下,那么回到1个物品或卡片的标准展开教学。

- 在开始维持阶段前先进行自然环境(NE)下的教学测试。如果患者当时可以在自然环境下展示技能,那么,可略过维持阶段,直接结束该项目的学习。

  如果患者可以在1~2个自然环境下展示技能,继续在自然环境下展开教学。

  如果患者可以在三个及以上自然环境下展示技能,那么可结束该项目的学习。

  如果患者不能在自然环境下展示任何技能,进入维持阶段。

- 对于那些含有多个刺激指令的任务分析,当患者达到所有刺激指令A所要求的标准后,对刺激指令B的最后步骤进行测试:

  如果反应正确率在50%~70%之间,继续所在步骤的训练;如果低于这个标准,那么从刺激指令B的初始开始学习。

- 泛化到新环境:在达到目标1~4的标准后,你应在不同环境中随机循环目标1~4,测试患者的完成情况:

  如果反应准确率在50%或以上,继续在不同环境下对这些目标以及后继目标展开教学。教师可以略过自然环境下技能泛化的两个教学步骤。

  如果回应准确率为40%或更低,那么在一个治疗环境下对这些目标及后继目标展开教学,直到患者能将技能泛化到另一个环境。

- 如果出现连续三天无学习趋势、多变学习趋势或学习停滞趋势,那么就应该增加一个训练策略。

等级三

等级三是指那些具有高功能，水平高于平均认知水平，且呈现出高效技能学习效率的患者。这些患者已经成功完成了等级二的训练，不需要维持训练也不会遗忘技能。处于等级三的患者除了可以像等级二患者那样对任务分析做出各种修正外，还拥有以下特点：处于等级三的患者可同时接受5个目标的教学，并且可以跳过维持阶段，直接进入到自然环境下的教学。此外，教学目标需要频繁更换。5个教学目标下属于同一主题但拥有完全不同的目标。在训练患者如何报告时间时，教师无须呈现出确切的时间作为教学目标，而改为呈现出主题。假设教学目标1是以小时报告时间，教学目标2是以30分钟为划分报告时间，教学目标3是以15分钟为划分报告时间，以此类推。当训练第二组的5个教学目标时，换一个新的环境，以便促使患者将该技能泛化到不同的环境中，如果患者能够在不同环境中成功地随机完成5~10个教学目标，那么教师便可以跳过自然环境下泛化技能的相关教学，直接进入该任务分析的最后部分。

最后，在设置目标的基线时，只对目标进行一次展示（而不是基线准则里提及的5次）。

综上所述，对于处于等级三的患者来说：

- 遵循等级二患者所描绘的修正模式，但等级三仍拥有特例。
- 可每次展开5个目标的教学。
- 频繁更换目标——不要使用完全相同的目标去获取相同的反应。
- 在新的环境下展开第二组5个目标的教学。
- 不需要维持训练，直接进入新自然环境下的教学。
- 当为目标设置基线时，只做一个测试（而不是5个）即可。

第二节
90/10 教学策略

如果患者在理解新项目或新目标时存在困难，或他们在多个治疗期呈现出停滞、多变或无学习趋势时，那么，教师可能需要实施 90/10 教学策略来促进教学。意思是，在 10 次测试中的前 9 次，患者都会在辅助下展现技能。随后，在第 10 次测试中教师撤销辅助监测他们是否学会了特定的反应。一旦患者能呈现出所学反应，那么教师可将辅助与测试的比例调至 80/20，即在 10 次测试中的前 8 次给出辅助促使患者做出反应，用最后两次测试观测患者。移至下一个辅助与测试的标准是患者顺利完成 10 个测试中的后 2 个，即教师对前 8 个测试给予辅助，患者必须在最后 2 个回合中不用辅助做出正确反应；然后，教学策略才可变为 70/30 的辅助与测试比例。以此类推，直到辅助与测试比例达到 50/50；然后，教师便可回归到典型的教学状态中去，向患者呈现出 10 个测试让患者自主完成。

一、使用语言项目减少即时仿说

当患者呈现出即时仿说（例如：教师给出一个刺激指令，患者立即重复整个或部分指令）时可使用另一项教学策略，这个教学策略包括教师使用低沉的语音给出刺激指令（例如，提出一个问题），随后大声给出有辅助的反应（在提出问题后的一秒内）。通过语音语调的改变可以帮助患者区分刺激指令与教师期望的反应。很重要的一点是，在之后的教学中要逐渐削弱语音语调方面的变化，从最开始的大声给出刺激指令，低声给出辅助反应，到最后两者语音语调相同。如果患者在给出回应时，模仿你改变了自身的声音声调，那么判断正确反应该选择何种语调相当重要。这可以帮助患者学会正确反应，而不是某种语音语调。

二、改变刺激指令

当一个患者在接受高阶任务分析的教学时，这些任务分析中的刺激指令难度系数不断增强。同时，里面所给出引导基础技能的刺激指令愈发复杂，患者有可能对与刺激指令相关的语言出现理解困难。针对这种状况，相应的教学策略为修改刺激指令，通过简化语言或伴随指令给出一个刺激内辅助促使患者给出正确反应。举个例子，在运行项目"接受指令（两步）"时，刺激指令给出了两个方向，教师可以将指令书写下来，作为一种视觉辅助或暗示；或者教师要求患者在给出反应前重复刺激指令或指令，这能确保患者理解复杂的指令。很重要的一点是，当使用了刺激内辅助或简化刺激指令时，患者实际上并未真正掌握这项教学目标，除非患者能在最初的复杂指令下呈现出相关技能，所以这里运用到的辅助都需要被消退。

三、修改区域范围

另一个教学策略是同时修改教学目标的范围和数量。越是处于高级阶段的患者，每次可学习的目标数量就越多，或可在更大区域的教学范围内展开学习。不过，由于教学区域过大，或导致分神的物品过多，患者很有可能会被分散注意力或出现学习困难。教师应该灵活地变通减少或扩大目标数量以及教学范围。

四、通过反复实践修改逆向链接教学

本套课程含有多个任务分析，都是通过逆向链接训练完成教学的。传统的逆向链接教学是一种教学策略，是指教师完成除去最后一步之外的所有教学步骤。教师将指导患者学习最后一个步骤，并收集患者在展现步骤时回馈的数据。一旦患者可以独自完成教学中的最后一步，那么，教师可以完成除最后两步以外的其他教学步骤，再把这两步教给患者并收集患者的反馈数据。我们建议针对这种传统的逆向链接教学进行修改，同时达到多重练习效果。例如，教师可以通过辅助指导患者完成所有教学步骤，但仅在最后一步收集数据。在教师的辅助下完成所有教学步骤使得患者能针对每个教学步骤进行重复练习，尽管只收集最后一步的数据。传统的逆向链接教学与应用行为分析教程中的逆向链接教学其主要区别在于，在传统逆向链接教学中是由教师完成教学的大部分步骤，而在应用行为分析教程中患者在所有步骤中都能得到即时辅助。这种重复练习的运用可能促使技能更快被习得。

五、选择干扰少的教材

　　另一个教学策略是在训练技能时选择干扰小的材料，训练技能泛化时选择干扰多的材料。每个项目的各个教学目标都提供三张图片。大部分情况之下，其中一张图片是纯白背景中的目标物品，这样可以减少干扰，帮助患者学习技能。其他两张图片可能带有更多干扰元素，比如物品处于一个社会背景当中，这样的图片应当随机循环使用，或用于技能泛化环节当中。

六、不经意辅助

不经意辅助可能会使患者做出正确反应,但这并不意味着他们已经掌握了技能,而是他们通过教师不经意辅助而得出了结果。我们发现,这种情况常发生在有经验的教师身上。这里有几点建议,以便教师进行自我监控确保没有在不经意中给出辅助:

• 如果刺激指令包括递给患者教学材料,那么每一次教师可用自己不惯用的手递给患者一个目标物、图片或者物品,然后使用惯用手记录数据。例如,在配对课程中,有三个教学物品,那么,每次使用同一只手把需要配对的物品递给患者,这样可以避免用距离期望物品最近的手传递物品而对患者做出不经意辅助。我们见过很多例子,当预期反应物处于左侧时,教师无意中使用左手递给患者一个物品而给出无意识辅助,反之同理。

• 把自己的课程录下来,观察自己的行为以确保没有不经意的辅助。很多教师经常通过无声的默默响应在不经意间给出无声的语言辅助。例如,在"首字母发音"的教学中,我们常看到一些教师面向患者呈现出一个字母,然后问道"这个字母应该怎么发音呢?"随后他们收拢自己的嘴唇做出"B"的嘴型,以期得到期望的反应"B"。

• 将你的目光一直停留在患者身上,而不是目标物品,这样会降低不经意给出辅助的可能。

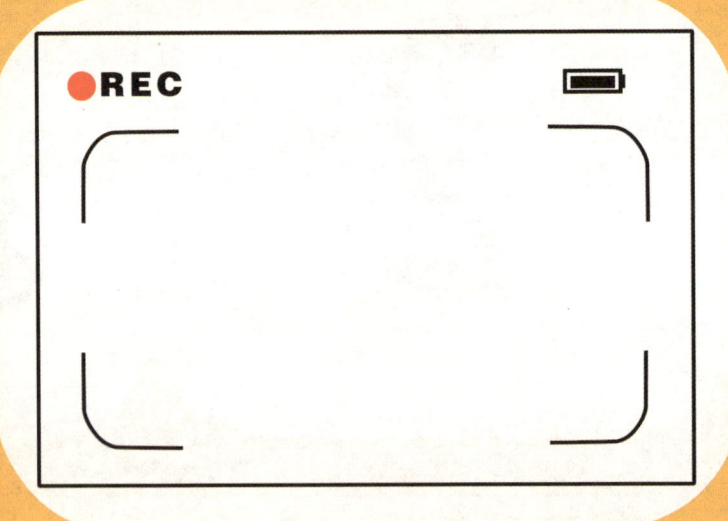

七、技能泛化的困难

　　如果患者在各种人物、各种环境、各式材料之间进行技能泛化时遇到明显困难，那么增加泛化的步骤（而不是等到课程最后才展开泛化）。例如，教学完第一项目标后在开展第二项目标的教学前，便立即将第一项教学目标转移到其他环境、其他人、其他材料当中。在开展第二项目标的教学后，立即将第一、二项教学目标随机循环至其他环境、其他人、其他材料当中，以此类推。通过增加泛化的机会，那么患者可能会开始将技能泛化至其他环境中，无须直接指导就自然而然地进行泛化。在进行材料之间的技能泛化时，你应当等待患者对当前物品的技能正确率达到 80% 或者更高之后再试着泛化到其他物品上。

八、维持或长时间保持技能的困难

当患者在维持阶段持续出现反应错误时,有许多应对方法。其一是,当患者误解项目中的某些教学目标时,在维持计划中教师采用回合式教学法以及错误纠正程序;在测试环节则针对患者有所误解的教学项目进行多次回顾(但只记录首次反应的数据)。例如,假设患者正处在"表达属性"的教学中,且在第一次接触"高"这个概念时,产生了误解,那么教师应该在一天内多次展示这个目标来训练患者得到正确反应。

当患者处于维持阶段时出现经常性的错误,另一个应对办法是去掉患者总是弄错的某个或者几个目标,然后针对这些目标列入一个更为频繁的维持计划。例如,如果患者在进行"了解身体各部分功能"的每周一次的维持计划,在指出"你用哪个部位抓"时,在多次测试中都给出了错误反应,那么该目标(手指)应被提升至之前更频繁的维持程序里(2W 每周两次),直到患者能给出正确反应后再消退为每周一次。针对那些患者曾多次给出错误反应的教学目标,只要患者达到了目标标准,就应该严格地按照维持计划进行教学。而此教学项目里的其他教学目标则可以随之消退至每月一次(M)。

就如同我们的教学项目并非"千篇一律"一样,维持阶段也可以进行修改以适用于那些需要不断重复的患者。维持阶段可以修改得更加频繁。例如,在进入每周 2 次的维持计划之前,患者可进行每周 3 次(3W),或每周 4 次(4W)的维持计划,随机转换已掌握和需要掌握的各项教学目标。

九、延迟反应

一些患有孤独症的患者会因为给出社交和语言反应过于迟缓而错失了社交和情感沟通的机会。为了帮助他们减少反应延迟（缩短给出刺激指令与患者反应之间的间隔时间），尝试使用流利的基础训练。为达到这个目标，患者会进行重复性练习和超量学习，即使他们学会了给出精确的反应，这样的训练也可帮助他们更快速地给出反应。也就是说，超量学习要求患者进行多次重复性练习直到他们能自然而然地给出反应，因此他们的反应也变得更为快速流畅。

十、消退教学策略

需要注意的是，在使用本章节里提到的任何教学策略时，负责教学项目的教师都应该观察患者的图表记录来灵活机动地决定何时实施一项教学策略，或何时使用另一教学策略。每个患者都有差异，学习效率也不尽相同。当实施某项教学策略时，在图表上记录下实施教学策略的时间并标示所用教学策略。这有助于判断该教学策略是否有效。一旦患者在某教学策略下展示了技能并且达到了相应的目标标准，那么该教学策略则需要被逐渐消退，然后向患者展示出原始的刺激指令。

第五章

创设应用行为分析的环境

家庭或是教室中，建立起一个应用行为分析的治疗环境，为受训患者建立一个最适宜的学习环境。包括适宜摆放在室内的家具，以及家具的摆放位置。

第一节
应用行为分析治疗室

患者的治疗室应当选择干扰尽可能小的地方。治疗区域应让孩子能舒服开展学习。最理想的状况是，该治疗室有一扇可以根据需要开合的门。这样可以尽可能地减少噪音或房间其他物品给患者带来的干扰，同时，当受训患者出现不适反应，通过发脾气或是逃出治疗室来逃避任务时，这扇门还相当于一个自然的屏障。

卧室在交通的必经之地

患者的卧室

第五章
创设应用行为分析的环境

治疗室必须有两个相对独立的区域

教学区

休息玩耍区

第二节 家长的参与

家长的参与是应用行为分析教程中极其重要的一部分。在创建一个家用应用行为分析项目时，家长的最初责任是为建立应用行为分析治疗室采购教学用具和家具，布置这个治疗室，并确立治疗团队。家长需要与教师一起制定日程确保治疗能够连续开展。同样，家长也负责保证特定的强化只在治疗时间使用。

家长负责阅读和接受关于应用行为分析教程的培训。多数治疗团队会在针对患者进行应用行为分析教程时，直接为家长提供培训。同时，他们也鼓励患者家长阅读具有好口碑的应用行为分析教程的书籍（比如由 John O.Cooper、Timothy E.Heron、William L.Heward 于 2007 年编著的书籍，Ron Leaf 与 John McEachin 于 1997

年撰写的书籍，美国 UCLA 大学心理系 Lvar Lovaas 教授于 2003 年撰写的书籍）以学习应用行为分析的理论、教学策略、行为引导策略等等。除此之外，在自己孩子展开应用行为分析教程时，家长还应接受相关培训，譬如教学中会用到的目标，以及在教授这些目标时，他们如何能起到帮助。

一旦应用行为分析疗程开始，很重要的一点是，家长应参与所有的团队会议。家长必须熟知各个教程的目标与教学过程。家长在自己孩子的个性化应用行为分析教程中扮演着至关重要的角色。家长应当协助应用行为分析教程的教师或是应用行为分析师一起确定患者尚不具备的目标区域或是技能领域。如果没有家长的协助，应用行为分析师很可能只能了解受训患者一天中的某些时段。

家长同时也是整个教学团队里的一员。他们可以确保儿童泛化技能到其他人、地方和材料上。而家长也被鼓励参与观察自己子女整个应用行为分析教程实施的状况，如此一来，他们可以学习不同的教学策略（比如，辅助等级），这样在实施教学策略时，他们是可靠的。同时，家长应确保备有足够的治疗用品和强化用品。

家长所起到的最重要职责之一是跟所有的团队成员进行沟通（ABA教学人员、注册应用行为分析师、儿科医生，以及其他的医教人员，等等）。很重要的一点是，家长应

告知 ABA 教学人员所有与治疗或当前教学目标相关的障碍与问题。同时，还应及时通知治疗团队受训患者日常安排的一切变动（如，睡眠周期、药物变化、其他医疗状况，等等），因为这些都会对治疗结果产生影响。这种公开的诚实的互动关系有助于治疗团队做出最为明智的治疗方案。

家长的参与范畴，特总结如下：

- 熟知每个项目的过程
- 在疗程中，了解整个教学进展
- 保证用于治疗的强化，只在疗程中出现
- 确保配备足够多的治疗用品和强化物
- 准备好治疗室，布置妥当
- 参加所有的团队会议
- 整个疗程都确保在场
- 接受应用行为分析的相关培训；阅读并学习应用行为分析策略
- 遵照应用行为分析教程，并成为整个教学策略的可靠力量
- 跟治疗团队保持顺畅的沟通
- 有任何顾虑和问题，都告知治疗团队
- 安排工作日程（日期／具体时间），使得应用行为分析教程有特定时间表

第三节
关于强化玩具和活动的建议

在本书的第一章，我们给出了一个关于强化的细则。有效使用强化物对于技能的习得以及患者学会学习极其重要。教师应当经常参照这个细则确保强化物得到最大化的使用。在本章节里，我们会提供一些建议，列出那些可用于疗程的强化物。这些建议并非要取代偏好评估或是强化物库存（在应用行为分析治疗中用于识别潜在强化物非常有用），这只是一份孤独症患者能从中获得强化作用，且可被用在疗程中的潜在强化物列表。

一、初级强化物

初级强化物是指那些对患者而言，像食物和水一样必不可少的生存与生活必需品。初级强化物并不是患者在日常生活中会使用的自然强化物。例如，教师通常会表扬做得好的患者，但并不会奖励他喝一口饮料或吃一点零食。然而，患有孤独症的患者对于这类强化反馈良好但对次要强化物，如表扬和玩具并不一定有强烈的反应。因此，在治疗的初期，可能需要通过初级强化物来训练患者学习技能，并教导其对次级强化物做出反应。ABA 教学人员应当将初级强化与次级强化配合使用，这样可促使次级强化物逐步取代初级强化物的强化属性。当实现了这一点时，初级强化物便可逐步退出整个治疗。以下列举的是可用于治疗的一些常见初级强化物，其最为关键的因素是它们具有强化功能且对患者有效。

第五章
创设应用行为分析的环境

1. 寻找那些不需要花费太长时间进行消费的初级强化物（如一口就可吃掉的零食），这样可将更多的时间用于学习和工作，比如说：

一口最爱的饮料

糖果，例如 M&M 糖豆等

爆米花

一片水果，一根胡萝卜，一些芹菜条

水果软糖

水果零食

薯片

土豆泥

第五章
创设应用行为分析的环境

一块蛋糕

一片饼干

葡萄干

坚果

65

二、次级强化物

次级强化物又被称之为条件强化物。因为它们无法（像初级强化物那样）对患者产生自然而然的强化作用，而是通过初级强化物和次级强化物配对，使得患者将次级强化与初级强化物联系起来，并使次级强化物逐步产生强化作用。我们建议应用行为分析教师应当将这些物品与初级强化物一起配合使用，并最终达到初级强化物逐步退出治疗的目的。

我们对次级强化物的建议是按照感官体验的品质来排序，这样可以为个体提供内在的自动强化。比如说，如果患者喜欢有声音的物品，那么建议教师尝试使用其他可以发出声响的物品，这种听觉刺激或许能对患者形成自动强化。这个影响过程可以很快消除也能迅速发生。接下来，是在应用行为分析教程中，我们建议使用的强化物列表。

第五章　创设应用行为分析的环境

1. 对于那些易于被可移动物体或因果类玩具强化的患者，请尝试：

弹力球

光纹玩具

可点亮的玩具

光线可旋转闪烁的手电筒

玩偶盒

弹出式玩具

响声玩具和游戏

祈雨杖

第五章
创设应用行为分析的环境

2. 对于易被粗大动作强化的患者，请尝试：

蹦床

秋千

大转盘

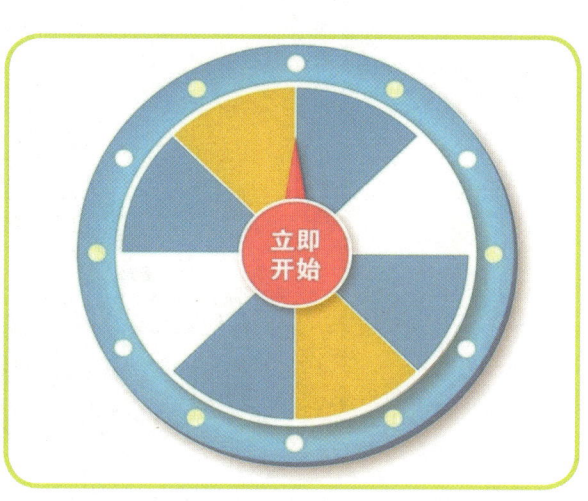

摇马类玩具

治疗球

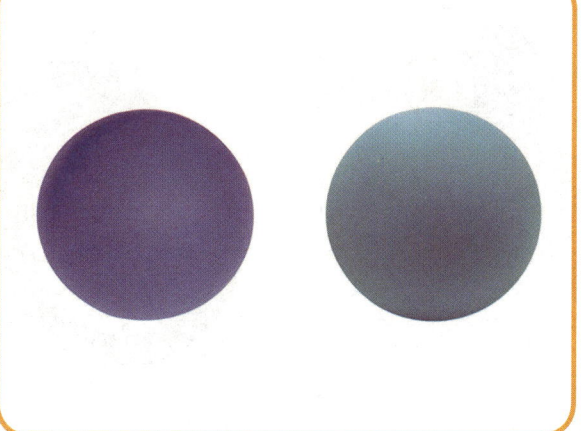

滑板车

滑梯

呼啦圈

跷跷板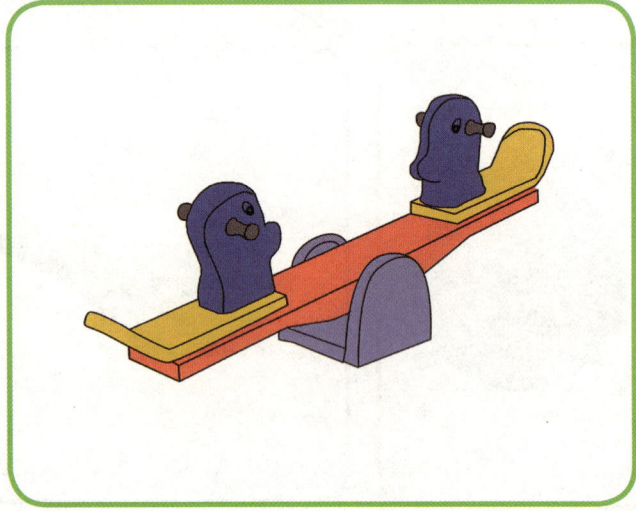

自行车

3. 对于易被声音刺激强化的患者，请尝试：

有声拼图

音乐书

乐器

音乐棒

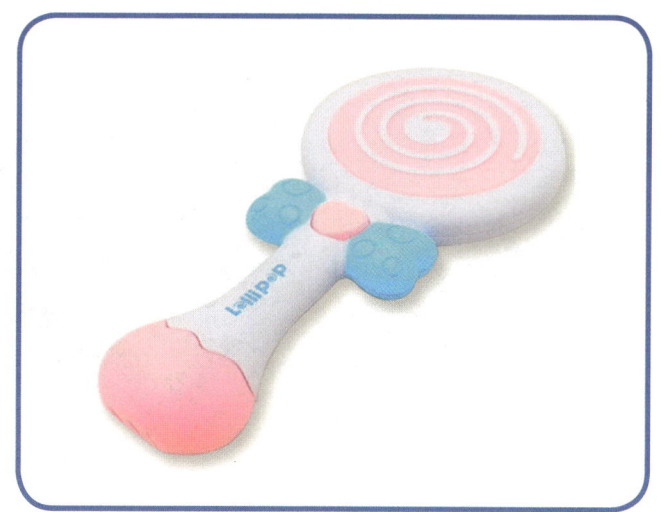

声纳机	可以说话、发出声音的玩具

回声麦克风	歌曲、音乐

4. 对于易被触觉刺激和不同质感强化的患者，请尝试：

不同材质和触感的书

沙盘

防水表

盛放米粒和豆子的桌子或箱子

彩色橡皮泥

手指画活动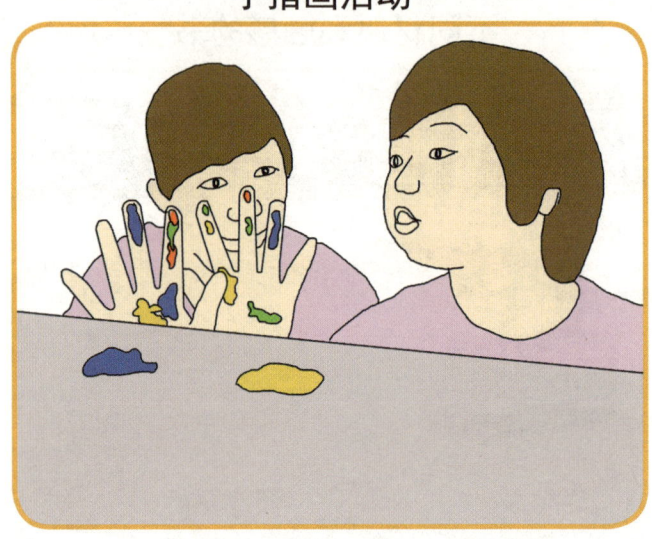

玩剃须膏

趣味泡沫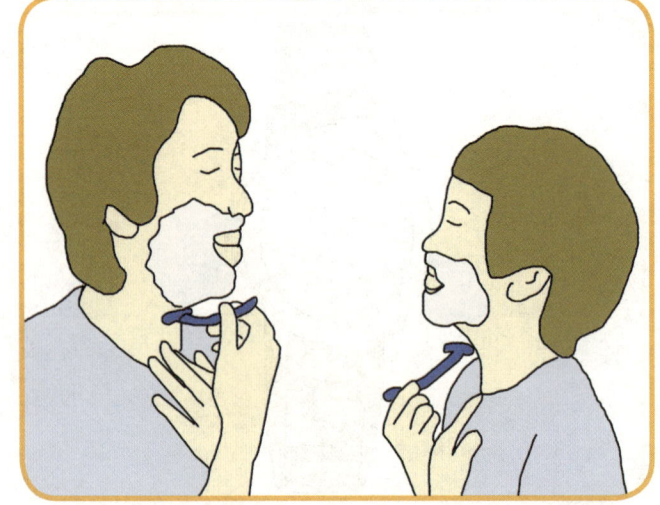

第五章
创设应用行为分析的环境

5. 对于易被压力强化的患者，请尝试：

被枕头或沙发垫夹在中间

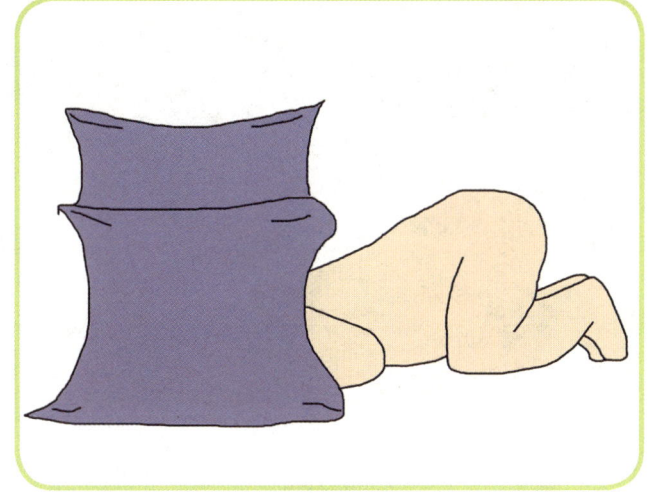

拥抱

吊床

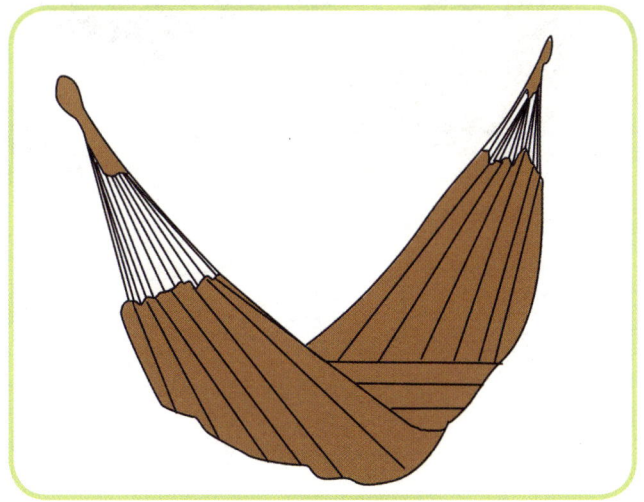

挠痒痒

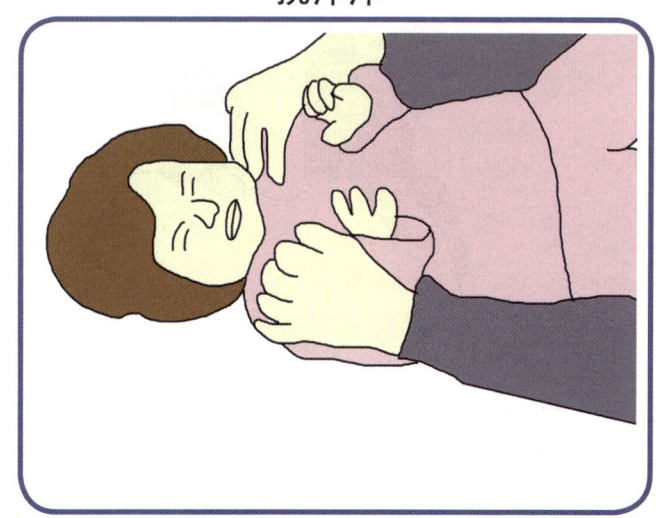

豆袋椅

彩球池

裹在毯子里
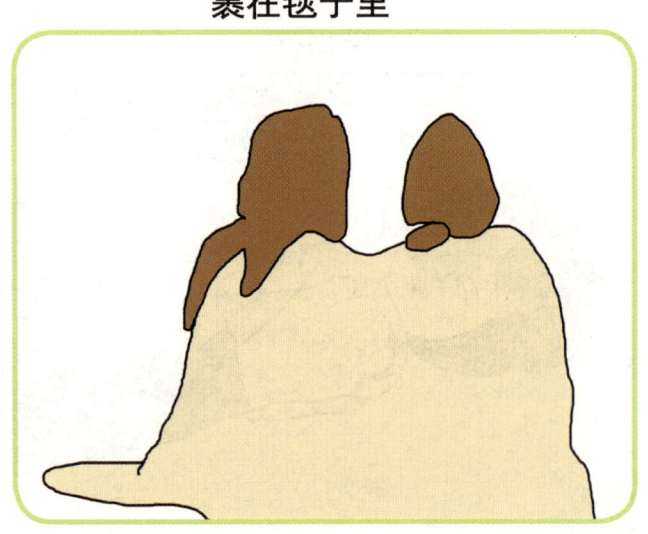

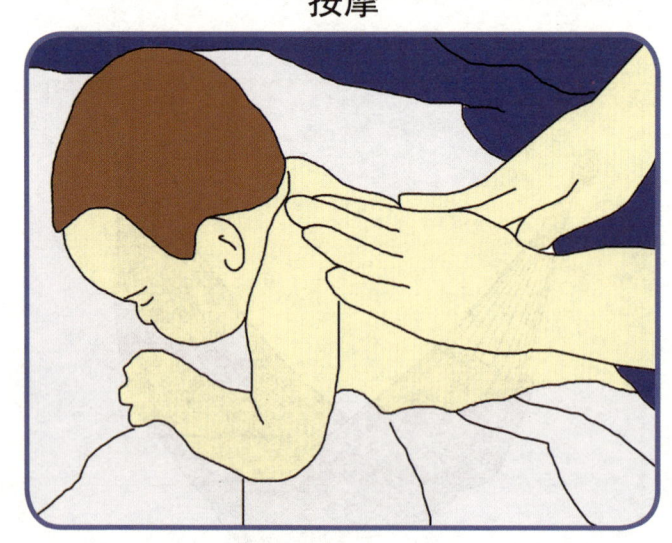
按摩

第五章
创设应用行为分析的环境

睡袋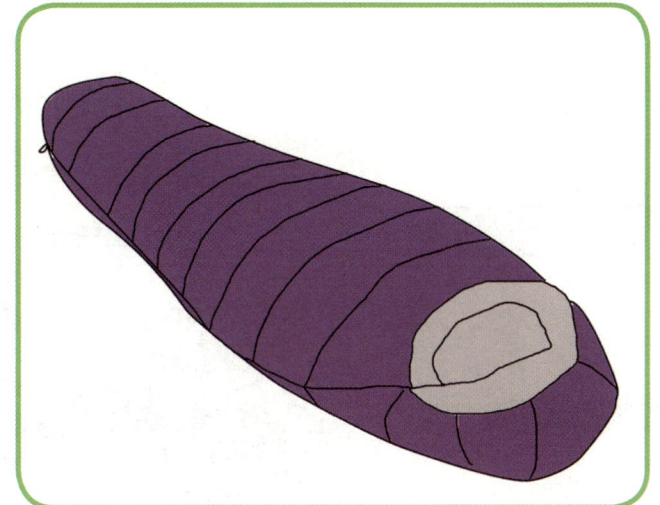

卷地毯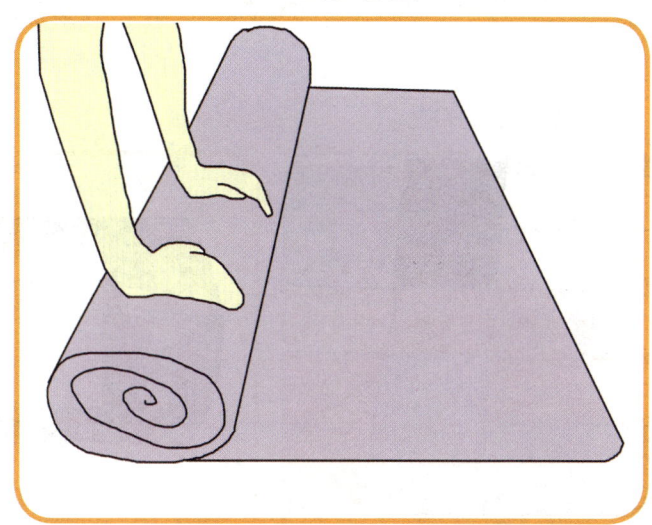

震动枕头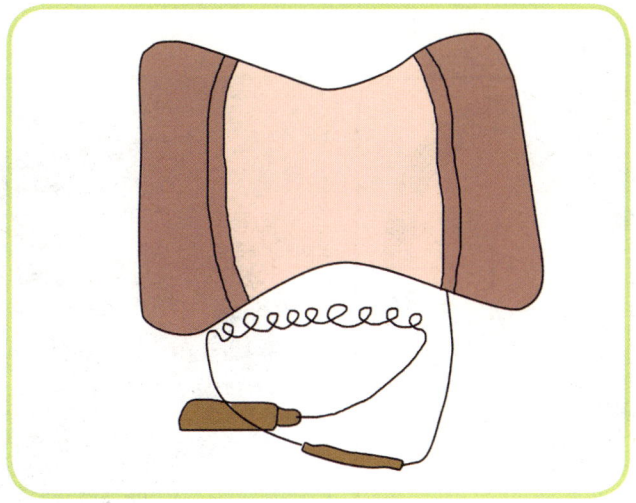

6. 对于易被视觉刺激强化的患者,请尝试:

彩色拼图游戏

电子游戏

电脑游戏

手电筒

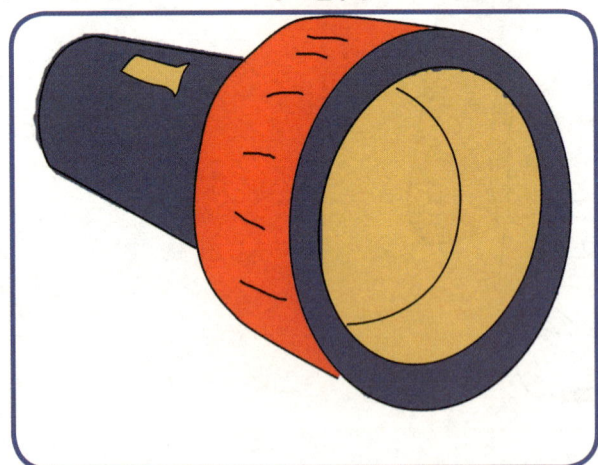

闪频灯

第五章
创设应用行为分析的环境

熔岩灯

暗处发光贴纸

万花筒

能发光的玩具

闪光魔杖或魔杖（当你掉转魔杖时，魔棒内的物质会漂浮到另一端）
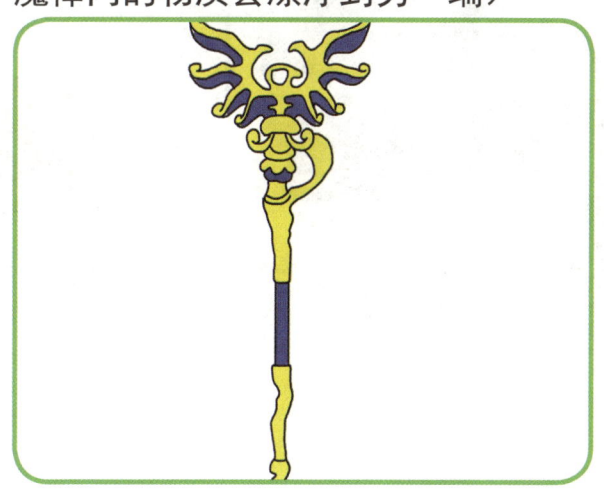

7. 对于易被嗅觉刺激（强烈味道）强化的患者，请尝试：

调味料

刮刮嗅贴纸

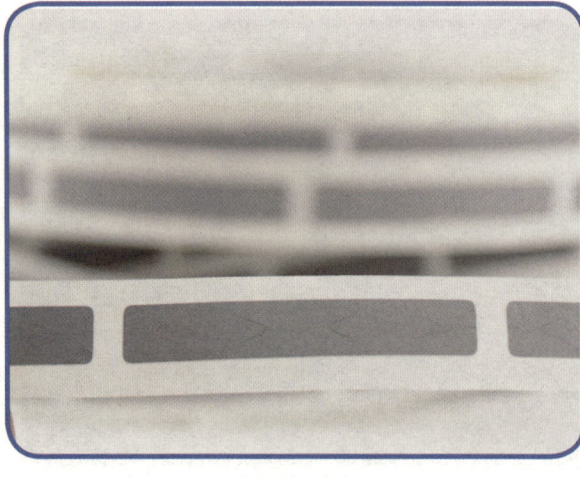

香味记号笔

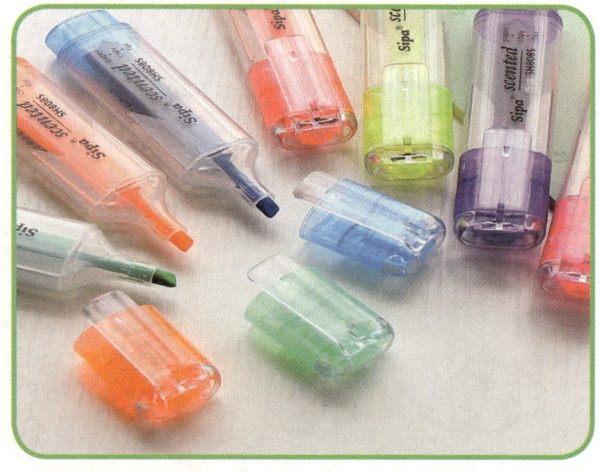

芳香疗法器具

润肤霜

香味彩色橡皮泥

第五章 创设应用行为分析的环境

8. 对于那些易被小空间强化的患者，请尝试：

帐篷

彩虹隧道

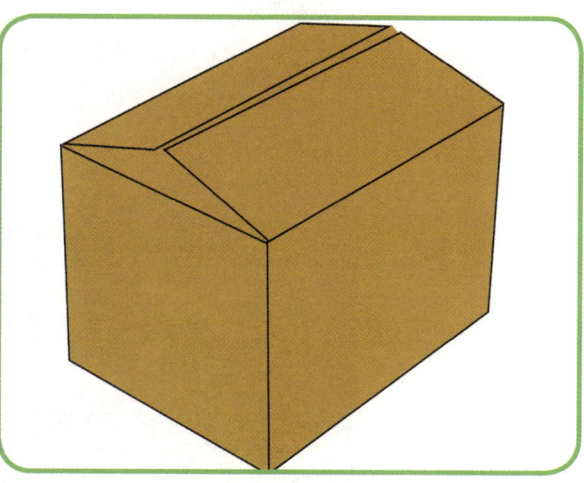

小的游戏屋

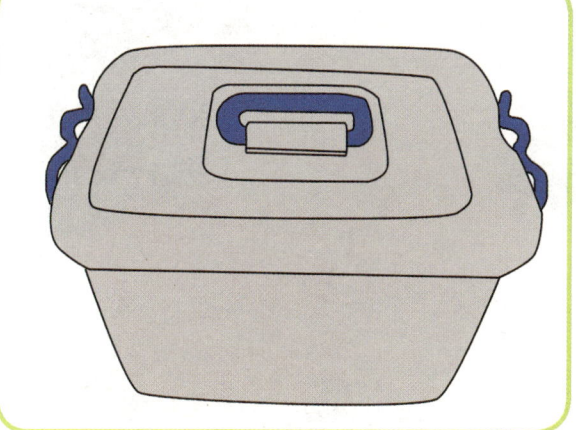

9. 对于那些看到掉落或吊着的物品而受到强化的患者，请尝试：

泡沫

长的丝绸旗帜

液体运动玩具

呲水枪

第五章
创设应用行为分析的环境

泡沫飞机

弹跳火箭

降落伞玩具

风铃
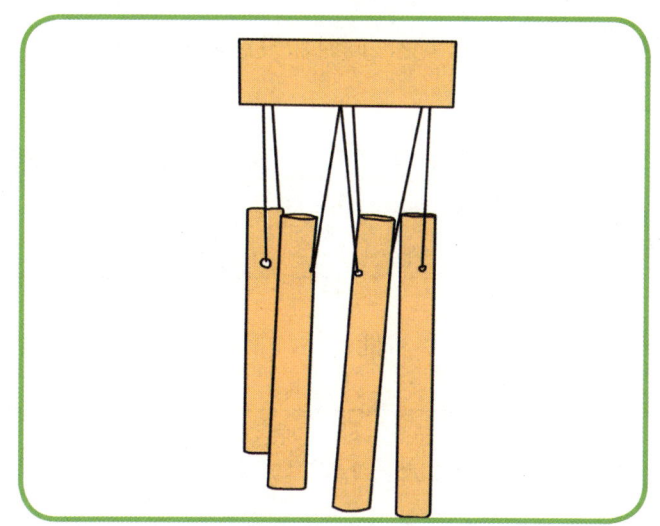

第四节
使治疗充满趣味

让患者在治疗课中能够感受到强化是极其重要的，这样才能激发他们学习；因此，作为一名应用行为分析老师，我们应该尽量让治疗有趣并且自然。反过来，这将有助于患者遵从指挥，对治疗感兴趣，进而泛化技能。

下面列出了鼓励应用行为分析老师使用的一些教学建议，能确保分析治疗课程有趣生动充满享受，同时激发患者的学习欲望：

- 在给出指令与强化时，运用热情洋溢的语调。

- 课程中使用的语言应尽可能自然。

- 保证用于治疗的强化，只在疗程中出现。

- 治疗课程应发生在各式各样的环境下（家中不同的房间，室外和社区环境）。这样会保持事物的新鲜度，且帮助患者将技能泛化到不同环境下。要有创造性，如果在蹦蹦床上蹦跳，或坐在秋千上摇荡能强化患者，那就使用这些器具当做他们的强化物，当他们获得一个奖励时，就让他在蹦蹦床上持续蹦跳一阵，或是推动他们在秋千上摇晃。

- 当患者的语言能力提高时，改变给患者的指令。

- 把你自己与患者非常享受的活动联系在一起，将自己变成患者强化物的一部分。

- 使用患者最喜欢的玩具和物品来进行概念（例如，颜色、形状和计数）的教学。

- 经常变化在教授技能时使用的物品。运用卡片、大珠子、花纹模块来进行形状的教学，也可以通过在纸上画出形状的办法来进行教学。这样不仅实现了不同材料之间的技能泛化，且可以保持患者对所参与活动的新奇度。

- 使用应用行为分析治疗教程，在工作了15～20分钟之后便插入一个5～10分钟强化休息\游戏休息时间。休息对于保持兴趣极其重要。当患者很合作时，千万不要试图延长15～20分钟教学。

第五章
创设应用行为分析的环境

- 维持高的成功率，确保以成功来结束每个治疗课程。

- 将任务或任务分析进行分散。在同一时间持续开展几项任务分析，并经常进行任务轮换以免患者感到厌倦。

- 变化强化物：尽量让强化物越自然越好。

- 在治疗课程中使用音乐，甚至也可以自创一些听起来很傻气的歌曲来进行概念教学，比如身体部位。

第六章

案例集锦

第六章
案例集锦

案例1 姓名：乐乐 性别：男 年龄：4 岁

哭闹的乐乐

妈妈带着乐乐逛商场，乐乐突然看到自己喜欢的玩具并要购买，妈妈说家里已经有这样的玩具了，不能再买了，但乐乐还是坚持要买，妈妈仍然不同意，这时，孩子突然躺在地上大喊大叫，引起了其他人的注意，而妈妈为了不让孩子继续哭闹，避免在众人前难堪，选择了妥协，给孩子购买了玩具。从此以后，乐乐一有想要得到的东西就会大哭大闹。

ABA（应用行为分析）基础

案例2 姓名：乐乐 性别：男 年龄：4岁

停止哭闹的乐乐

一天，乐乐和爸爸一同逛商场，也出现了同样的问题，但爸爸坚决不同意购买，并对乐乐的哭闹行为不予理睬，并对乐乐说："我现在要回家，如果你愿意继续在这哭闹，那就自己留在这吧。"然后爸爸头也不回地离开了，看到爸爸真的走远了，乐乐马上停止哭闹追上爸爸一同回家了。

其实这一案例在无意中涉及了ABA方法，由此可知，ABA是基于我们日常生活的方法，并不是想象中那样高深莫测的理论，只要我们能知晓其大致内容，就会在处理孩子日常行为问题上事半功倍。

功能分析其实就是要知晓孩子之所以有这样的行为，是出于什么目的。因此就需要家长们在日常生活中多观察、思考。通过分析行为的前事、本身以及其结果来知晓孩子的行为功能。

A、B、C三个字母分别表示以下含义：

A（Antecedents）——前提：指问题行为发生前的情境（在什么情况下发生），包括物理环境和他人行为等，它会刺激问题行为的发生。

B（Behavior）——行为：行为本身的表现形式。

C（Consequences）——结果：指问题行为发生后的情境，也包括物理环境和他人行为等，它对问题行为有强化作用。

第六章
案例集锦

日常生活中的前事（A）	孩子易出现的行为（B）	行为结果（C）
1. 行为出现的环境：家庭、学校还是大街上？	大喊大叫	1. 行为出现后发生了什么
2. 行为发生前谁在场	自伤、攻击他人	2. 行为出现后您做了什么
3. 行为发生前孩子在做什么	摔东西	3. 行为出现后，别人做了什么
4. 行为发生前环境物理条件（热、嘈杂等）		4. 行为出现后，孩子得到了什么
		5. 行为出现后，孩子逃避了什么

　　我们来分析下上面两个案例中的乐乐为何会在日常生活中表现出这种行为呢？在【案例1】中，因为乐乐的哭闹，妈妈才给乐乐买了玩具，等于是强化了孩子的行为，那么以后孩子再想要什么也会大哭大闹。在【案例2】中，乐乐还是想要通过哭闹的行为获得玩具，但是爸爸坚决不给并自行离开，实际上使用了消退的方法来减少孩子的行为，那么今后孩子类似的试图通过哭闹获得想要东西的行为会减少甚至不再出现。

孩子在日常生活中出现问题行为的主要目的有哪些呢？

ABA（应用行为分析）基础

- 追求感觉上的刺激。例如有些孩子很喜欢玩泥巴、玩瓶瓶罐罐等。

- 为获得某物。例如想要书本、想听音乐、想获得特权等。

- 为吸引他人注意力。例如上课时，孩子听不懂觉得无聊，就会大喊大叫吸引老师和同学和他沟通交流。

- 减少身体上的不适。孤独症孩子语言表达能力不足，当身体出现不适感时，会选择通过行为问题来解决不适。

孤独症孩子不良行为的矫正方法

强化法	强化分为正负两种，当孩子出现正确行为时，要给予鼓励，以增加其日后好行为的次数，这叫做正强化；当孩子出现正确行为时，将他讨厌的刺激取出，而后，孩子正确行为次数也会增加，这是负强化。比如当孩子不再咬手时，就将绑好的手套摘下。
隔离法	隔离方法并不难理解，就是当孩子产生不当行为时，将其带离具有强化作用的环境，单独置于一个陈设简单，不能产生强化效果的小空间中，属于惩罚的一种。
消退法	消退原理对于减少乃至消除孩子不当行为有很强的作用。例如孩子采取不当行为以引起关注时，可以不予理睬，那么他今后的不当行为就会逐渐减少。

第六章
案例集锦

案例3 姓名：晨晨 性别：男 年龄：4岁

有变化的晨晨

晨晨有着很强的个性，妈妈对他提出要求时，他不会顺从，并时常逆着妈妈的意愿行事。妈妈用尽包括打、骂在内的一切惩治手段都没有效果，爸爸与他讲道理也起不到任何作用。

在ABA方法的使用中，要想解决问题行为，首先需要了解行为的功能，家长应意识到不同孩子的相同行为可能存在不同的功能，且同一孩子的相同行为在不同环境下也可能会有多种功能，因此需要家长们仔细分析，知晓行为发生的根源，尽力改变孩子所处环境，以避免发生此类问题行为。

案例4 姓名：阿则 性别：男 年龄：2岁6个月

行为描述

阿则十分可爱，但由于在诊断之前一直由家中爷爷奶奶照看，比较娇惯，因此一直都是想怎样就怎样，在课上稍有不如意就哭闹不止，并在地上打滚。

功能假设

老师针对阿则在地上打滚的问题行为进行了功能分析，假设阿则在地上打滚是由于需求得不到满足，因此而发脾气。为了证实这一假说在阿则哭闹打滚的时候老师给予想要物品，其情绪立即有所缓和，经过几次试验观察证明上述假说的合理性。

解决方案

1. 先与阿则建立良好的信任关系，在知道阿则有所需求时，提前给予提示"我想要……"，阿则正确表达之后再给予其想要物品，如果阿则不能正确表达，就不能给予。在阿则得不到物品哭闹打滚时要给予肢体辅助，不能使其躺在地上，直到其正确仿说表达。

2. 在阿则能够完成正确仿说表达之后，给予正确情境才可满足的要求，也就是说，如果在不当情境内提出了不恰当的要求，那么依然不给予满足，直到孩子能够接受老师对自己要求的否定，同样，在得不到满足打滚的时候，要给予及时的肢体控制。

案例5 姓名：天天 性别：男 年龄：4岁

行为描述

天天从出生到现在都是由父母抚养长大，父母在生活中对其照顾及包办较多，有任何需求时，父母都会马上给予满足。天天课堂上能遵守基本的规范，在要求下能静坐并配合老师完成相应任务，老师即会给予一定强化，当老师要收走强化物时，天天总是和老师一起抢夺，当老师要求"给老师"时，天天更是会大喊，或是趴在地上哼哼唧唧。

功能假设

通过行为发生几次后，也就是每次老师要求"把积木（强化物）给老师"时的表现，以此分析出其行为的刺激因素是还想玩积木遭到拒绝，进而出现大喊、趴在地上等行为。

解决方案

1. 保证天天在大喊或是趴在地上时不妥协，也就是由老师控制强化物，同时移除导致行为的直接导火索，不直面拒绝，把负面的表达改成正面的，如告知"看完卡片就可以玩积木"，以此使天天大喊、趴在地上的行为逐渐减少。

2. 通过正面的行为干预，教孩子应该怎么样去做，当天天仍有需求时，不能使用正确的语言表达自己的意愿，所以老师在课堂中会教其使用功能性的语言，学会说"我还想玩积木""老师，再给我玩一会儿"。

3. 根据天天的实际情况以及客观的评估，可利用结构化教学方法，按步骤、项目完成相应任务，在消耗强化物之前，可提前告知天天，增强天天的心理期望值，提前设置好所需的消耗时间（可用计时器做提示），定时器响则代表消耗时间结束，需归还玩具，建立基本的强化机制，增加正向行为。

案例6 姓名：明明 性别：男 年龄：3岁

行为描述

明明在课堂上叫其姓名时能理解，但没有应答的意识。这说明孩子能认识自我，但不能有意识地运用气流与正确地应答。在老师的提示下，可以有意识地去模仿张嘴——"啊"，但口部的灵活性较差，气流应用的意识较差，唇部肌力差。在大肌肉动作方面，对指令的反应灵敏度欠佳，需提示几遍之后才能完成。执行指令的主动意识差，配合意识差。

功能假设

老师对明明的这些行为进行了分析，发现是由于语言的沟通障碍导致的不配合，唇部肌力的控制能力差。大肌肉动作方面对于老师下达的指令缺少执行的兴趣。自我发展的主动配合意识欠佳。

解决方案

1. 与孩子进行游戏互动（玩球），在他感兴趣的某个点上，中断游戏，来激发孩子的主动配合意识，只要孩子能配合教师答应一声，教师就立即将球给他，来进行下一轮的练习。

2. 平时多进行吹气、吹泡泡、吹小纸片、吹小蜡烛等吹的动作和吹玩具喇叭、笛子等用力吹出声音。可以使用吸管进行吹或吸的练习；模仿各种动物的叫声，如狗——汪汪、鸭子——呱呱、鸡——咕咕；模仿各种环境、交通工具、对象的声音，如下雨——淅沥、汽车喇叭——嘀嘀、打鼓——咚咚可以提高孩子的学习动机。

3. 在能够配合做"啊"的基础上，诱导孩子先仿说他熟悉的音节，因为孩子习惯说一个字，这个时候需要老师的口型示范，如"妈—妈、阿—姨"，放慢速度引导孩子模仿发音。逐渐过渡到他不熟悉的音节，如"背背、抱抱、拜拜""滴滴""哒哒"等，来练习孩子的唇部肌力。同时平时多做口舌操来锻炼孩子口部和舌部的肌肉。

4. 通过游戏互动，既培养了孩子的互动意识，又提高了孩子的唇部控制能力，在进行静态仿说的时候，孩子就能安静地坐下来对卡片或是字卡有节奏地仿说了。这个时候用大量的字卡来引导孩子跟着仿说，如"妈妈抱抱我、我要积木""我要帽子"等等。

案例7 姓名：阿祖　性别：男　年龄：3岁

行为描述

3岁的阿祖，和爸爸妈妈住在一起，平时爸爸因工作繁忙，很少和孩子进行交流和沟通，而妈妈虽然与阿祖相处较多，但基本都是只要阿祖流露出想要某物或做某事的意愿，家长就会在第一时间满足阿祖，造成阿祖基本很少会选择使用语言来表达自己的需求，语言逐步失去了沟通的作用。也正是这种长时间靠猜测来满足阿祖意愿的方式阻碍了语言的发展。因此阿祖虽然有一定的语言理解能力，但却缺乏语言表达能力，只会发一些简单的音和词语，且由于家长长时间未注重语言的学习及适时的引导，以致阿祖已经3岁还没有基本的言语；阿祖本属于急脾气，再加上父母的溺爱，生活中代劳事情较多，造成阿祖缺乏独立自主的能力，一旦遇到事情，即使是简单的也会选择逃避或寻求帮助，如果家长或老师没有第一时间满足其需求，儿童就会哭闹得厉害，并坐地上不肯起来以达到目的。一次，阿祖在上课途中由于无法完成双脚跳跃障碍的任务，就开始与家长发脾气，哭闹，不肯继续进行上课，一直持续了将近十分钟之久，没办法家长也就不再强求他。长此以往，阿祖在上课时，每当遇到不想做的事情，就开始逃避，并且听其他任课老师反映，之后，阿祖逃避任务时，家长若要求其进行，他就会哭闹不止，且发生的频率越来越高。

功能假设

在阿祖问题越来越频繁地出现后，老师便开始通过功能评估来测定阿祖出现问题行为的原因。通过对阿祖在日常生活中出现问题行为时的详细观察和记录，还有向其家长了解的出现该问题行为的前因和后果、其他人的行为及家长常用的处理方式等，老师逐渐收集了一系列关于每次阿祖出现问题行为的前因、行为和后果的信息。根据收集到的信息显示，阿祖之所以出现目前逃避哭闹这一行为，主要是由于两个原因：其一，是由于他不能很好地运用语言表达自己的需求，以至于遇到事情时会选择最原始的方式（哭闹）来解决。其二是家长的宠溺及放任的态度，也就是其实最开始阿祖只是因为无法用言语表达自己此时此刻的感受，从而选择哭闹；但时间长了之后，阿祖却因为家长的放任强化了其哭闹（逃避任务）这一行为，最后演变成只要哭闹家长就会放任其不用学习。

解决方案

在问题行为的功能假设中,经过具体分析及讨论后,我们认为要想阿祖能够改善目前的状况,应从两个方面入手:其一,要求家长改正对阿祖的态度,无论做任何事情都要坚持原则;其二,也是最重要的,改善阿祖目前的语言状况,提升其对语言的运用能力。

希望能够通过沟通顺畅使得阿祖的哭闹逃避行为减少。当然要想解决对语言的运用能力,我们首先得需要提升其语言操作技能中"要求"技能,以便在遇到事情时能顺利表达自己的意愿,帮助其用恰当的行为(提出请求)替代原来不期望的行为(哭闹逃避)。即使用差别强化增加适宜行为并减少不适宜行为。具体的内容有:

1. 针对目前阿祖的发音状况,同时参照0～3岁婴幼儿语言能力发展情况表,我们更为准确地了解了阿祖目前的语言水平。主要包括:【0～6个月】阿祖具备这个阶段的能力,如:对声音有反应,能笑出声,会发a、o、e等基础音,会模仿大人发音,对名字有反应;【7～12个月】阿祖也具备该阶段的能力,基本能听懂自己的名字,能发出"爸爸""妈妈"的声音,会做3种表示语言的动作,如:"谢谢""再见"等;【1～2岁】阿祖目前只会说"我"或模仿说"我要",或说"再见",但该阶段中的其他能力均达不到要求;【2～3岁】阿祖基本达不到本阶段的能力,无语言。

2. 通过前一个阶段的评估,我们已经充分了解了阿祖的发音状况,认为首要任务先训练阿祖的发音,只有提升阿祖语音的清晰度以及拓展更多的词汇量,才能进一步增强其语言的表达。

(1)发音器官的训练:由于阿祖的唇音发得很好,因此重点放在舌尖音和舌根音上。舌尖音 /d,t,n,l/,舌面音 /j,q,x/,舌根音 /g,k,h/ 基本不能正常发出,对于这些音则采用了分别训练的方式。譬如 /h/ 音的训练,首先可以训练他多做呼气的游戏训练,对着纸条或棉花吹,因此类物品比较轻会飞,阿祖很高兴做这个活动。而舌尖音则以练习伸舌为主,通过食物的引导,引导阿祖各个方位舔取食物,再逐渐引导发舌尖音。

(2)语言表达训练:通过利用阿祖已掌握的认知,将其以卡片的形式展现,完成单音、双音、单词、短语等的表达。

(3)采用 PRT 训练方法通过设计创造一种特定的环境来鼓励阿祖说话与交流。利用日常生活环境,把阿祖喜欢的东西放在可望不可及的地方,阿祖必须开口要求才能得到他人的帮助。同时制造机会让阿祖懂得使用如何选择。需要给阿祖以选择的机会时(例如将两种其较为感兴趣的物品让其选择自己目前最为想要的),在这种情况下阿祖往往更有可能说话,以更好地培养其说话的动机。这时,老师可以给予肯定并适当扩展语言。还可通过特定的场景变换引导阿祖学习提问。

3. 在以上的3个阶段阿祖都能够顺利通过后,我们开始具体地将训练环节转移到了灵活的生活课堂中,即真正课堂中,在家长及老师的配合下,同时来纠正阿祖的逃避行为。如:当阿祖遇到难以完成的任务时,引导儿童用语言表达自己的感受,并寻求帮助,当任务完成时立即给予阿祖社会的正性强化(如:他人的注意,老师的奖励)。当然阿祖在家长看护时,也同样使用这种方法。

案例8 姓名：小喆 性别：男 年龄：2岁5个月

行为描述

小喆是一个非常可爱的小帅哥，在课堂上基本的配合能力很不错，能够独立完成大动作模仿和简单的口语项目，但就是不喜欢和妈妈以外的其他人有任何的身体接触，原本是高高兴兴的，如果一旦要有拉火车、拉手等身体接触项目就会立刻大哭，使劲儿挣开他人的接触。

功能假设

老师针对小喆不喜欢身体接触的问题行为进行了功能分析，假设小喆不喜欢身体接触的原因是逃避与他人的身体接触。为了证实这一假说在小喆哭的时候老师话语安慰，其情绪有所缓和，但是如果老师去拥抱安慰其会哭得更加厉害，但是如果是妈妈去拥抱安慰，小喆则会依偎在妈妈怀里停止哭泣。由此证明上述假说的合理性。

解决方案

1. 帮助小喆和其他熟悉的人建立良好的情感关系，尤其是先从小喆的任课教师入手，平时在课上或课下老师们多和小喆进行互动项目，在小喆喜欢的游戏中尽量多增加小互动，同时在项目进行过程中尽可能地搭配小喆喜欢的音乐，营造一个轻松愉快的氛围，使其在放松的环境中逐渐接纳其他人。

2. 设计相对较复杂的情境问题而小喆自己又不能解决，在其焦灼时其他人再以适当合理的方式介入，帮助其解决困难，增加小喆对他人的安全感、信任感。

3. 请其他小朋友和老师进行引导示范，以小喆喜欢的旋转刺激为切入点，老师拥抱其他小朋友转圈，让小喆看到小朋友的高兴，使其有欲望也想进行相应的体验，这时老师再以合理的方式进行短时拥抱，再慢慢增加时间。

4. 帮助小喆建立身体接触的愉快体验。①与小喆做游戏，拿着他喜欢的东西（绳子、食物），当他接近时，操作者可以躺在地上，把绳子或食物放在胸口，他要拿东西就要爬到操作者的身上，等他拿到以后，轻轻抚摸和拥抱他。②坐在沙发上，向他出示绳子或食物，然后藏在袖子里。这时，他必须爬到操作者的腿上才能找到袖子里的东西。③把绳子系在头上，让他通过触摸操作者的脸来拿到强化物，这时，操作者可以轻轻拍打和拥抱他。如果他想触摸操作者，就让他一直触摸。帮他把身体接触建立愉快的联系。

ABA（应用行为分析）基础

案例9　姓名：涛涛　性别：男　年龄：5岁

行为描述

涛涛今年五岁，有一定理解和认知能力，简单的接受性语言能够理解和回答，但是在不喜欢的任务出现时会出现掐额头、躺地不起、故意擤鼻涕的行为，最严重时会推人、抓人。

行为分析

通过对涛涛行为的观察，运用ABC行为观察记录表进行功能分析后，假设涛涛的躺地不起、擤鼻涕的行为前提是学习任务，强化物是逃避现在的学习任务或吸引他人关注。

为了验证这一假说，在呈现学习任务后，教师会一直关注他的完成情况。但是只要是他不喜欢的任务，他就会出现闭眼睛、掐额头、擤鼻涕的行为，如果老师把任务结束，他会慢慢结束上述行为。由此推断，涛涛的行为不是获得他人的关注，而是对学习任务的逃避。

解决方案

1. 调整任务难度，增加教学材料趣味性。将学习项目进行再分解，逐渐提升任务难度，并注意鼓励涛涛完成得不错，增加其完成任务的信心。
2. 树立良好课堂规范。严格执行指令，提升静站、静坐等待能力，提升自控能力。
3. 合理运用差别强化。当涛涛完成分解的任务后，及时强化完成任务的行为；如果没有完成则不给予强化。
4. 延长等待时间，延迟满足。

通过等待的训练，提出要求后由及时满足到延迟3～5秒钟满足，并鼓励他"等待了很好"。在此基础上，适量延长等待时间。需要强调的是延迟满足不是不满足他的要求，只是适时等待，训练自我约束的能力。

5. 告知家长相关方案，家庭中要保持一致，避免强化问题行为。为家长详细讲解干预方案的实施过程和注意事项，争取机构和家庭的干预方法统一。

第六章
案例集锦

案例10 姓名：军军　性别：男　年龄：4岁

行为描述

军军上课特别配合老师做各项训练任务，但是一回到家里，当妈妈想要和军军一起进行某项任务时，军军会耍赖发脾气。

行为分析

老师针对军军的情况，从训练初期就开始对军军进行包括强化物的效能以及配合度相关训练项目，同时重点对军军良好配合习惯的养成进行了大量的准备。经过一段时间的磨合，一方面军军会对老师的活动特别关注，另一方面军军与老师建立了信赖及信服的良好关系。而与之相对的，长期以来军军在家庭环境中一直处于"小皇帝"的状态，家长对于孩子的引导方式及行为干预多处理不当。

解决方案

1. 建议家长在进行家庭训练时，恰当应用强化物，激发孩子的学习动机。找到孩子的有效强化物，并在孩子完成目标任务后进行及时的强化，不能让孩子产生"妈妈只会命令我"或是"妈妈耍赖"的想法。同时，注意差别强化及强化物的消退。

2. 家长在对孩子进行家庭项目训练时，对于有难度的任务要尝试进行任务分解，耐心地对孩子进行引导。

3. 正确解读孩子的发脾气与不配合。一方面可以将家庭训练项目以不同于老师课堂训练的新形式出现，激发孩子的学习兴趣；另一方面当孩子出现逃避任务的情况时，要根据情况进行"温柔的坚持"，并适度调整任务的内容或任务难度，同时以家长的耐心与微笑来引导孩子接受，而不是因为孩子的哭闹导致家长暴跳如雷而终止任务。

4. 同一时间内不叠加多个任务给孩子，循序渐进，确定目标任务。

ABA（应用行为分析）基础

案例11 姓名：阿超 性别：男 年龄：3岁

行为描述

阿超是一个不听劝阻、经常哭闹的孩子。每天课间休息时喜欢跑到老师的个训室玩积木。上课了妈妈对阿超说："上课了，我们把积木收起来吧！"阿超对妈妈的话不理睬，继续玩积木。妈妈把积木装进桶里，阿超立刻躺在地上开始哭闹并要求玩积木。妈妈一边说"下课了再玩"一边把阿超抱起来送到教室去。阿超整节课哭闹没停止。

行为分析

上述行为描述中，阿超哭闹行为是他要求的一种方式，如果妈妈把积木给他，他的哭闹就立刻停止。阿超哭闹行为的前因是喜欢的玩具被剥夺，其哭闹行为想要的结果是能继续玩积木。

解决方案

1. 减少诱因。下课后老师把个训室的门关上，阿超不能进去玩积木，减少了课前哭闹的机会。

2. 除了获得实物外，阿超有时哭闹是为了获得他人的关注，此时就可以不理睬无理哭闹。老师指导妈妈课下对于阿超无理哭闹的行为不给予过多关注，躲开在隐蔽处观察，阿超看没人来哄他，也没有人观看，一会儿就停止了哭闹。家人也长期保持同样的态度，大大消退了他哭闹的行为。

3. 对于逃避任务的哭闹行为，要及时辅助，并强化正确的行为。阿超课上会用哭闹的方式逃避学习，甚至不愿坐在椅子上。老师为他安排了简单并且容易完成的任务，在妈妈全辅助下完成，老师表扬了阿超，并奖励他喜欢的玩具，强化了他正确的行为，阿超在课上的表现也越来越好。

4. 行为替代。增强阿超的语言表达能力，教阿超用恰当的语言表达自己的要求，来代替他的哭闹行为，并及时给予强化。

第六章 案例集锦

案例12 姓名：含含　性别：男　年龄：3岁

行为描述

含含在课堂上需要完成三项任务，分别是命名水果卡片、认识颜色、拼图。每次做命名水果卡片时都会低头不说话，很不高兴的样子，接着就会去拿好吃的。

行为分析

老师对含含的这种行为进行了功能分析，假设含含低头不说话，还有拿好东西的前提是学习任务，其强化物是引起关注或逃避学习。为了验证这一假说，当含含做命名这项任务时，老师会特意拿他较熟悉的卡片做任务，而他仍是不配合，当老师把此项任务撤除，含含整节课都不会低头，而且还很健谈。由此可以推断出逃避学习是含含低头不说话的强化物。

解决方案

1. 经过对含含完成命名这项任务的评估，发现含含能够独立完成命名的数量很少，只有经常看到的水果才能说出来，也偶尔会说不出来。调整任务的难度（命名一张卡片），提高辅助等级，再慢慢过渡到撤销辅助。待降低了任务难度后，含含在课上不会出现低头不说话的行为。

2. 塑造含含的这项新技能，要他能够一次命名2到3张卡片，这时候老师要给其适当的辅助帮助其完成，在辅助下待他完成其任务数量后给其强化（经过强化物评估，含含最喜欢饼干和玩具小汽车）。反复密集练习，直到独立完成。

3. 进一步分析，当含含遇到不会做的事情时，老师要教导他学会使用功能性的语言，学会说"我不知道，老师帮帮我"。

4. 设计有趣的小游戏"认卡片比赛"，谁能说对卡片就能够得到相应的奖励，增强任务趣味性，使含含能够主动参与配合，不再是逃避。

5. 进行实物和卡片的对比教学，用实物引导含含主动命名。

案例13 姓名：昊昊 性别：男 年龄：4岁

行为描述

昊昊是一个常规较好的孩子，能配合老师完成课堂任务，但认知过程较长。近期在课堂上学习副词——快慢，学习近两周，但进展缓慢。家长口述在家里会出现咬手、甩手指现象，在之后的几天里课堂上也出现了咬手现象。

行为分析

老师对昊昊的咬手行为进行了功能分析，假设昊昊的这种行为是因为学习难度较大，导致昊昊出现了紧张的情绪，从而出现了咬手现象（以逃避学习"快慢"的任务或缓解不适）。于是，老师对这一假设在课堂上进行了验证。当一节课开始时，老师让昊昊完成了几个已知项目，并给予一定的强化，此时，昊昊的注意力认真，且没有出现任何情绪和行为问题。当老师出示学习"快慢"的教学任务时，由于反复辨别，且正确率很低，达不到强化条件时，昊昊开始出现注意力不集中、东张西望且咬手现象。由此可推断，"快慢"学习项目较难，且长时间得不到强化物，两个原因让昊昊出现紧张焦虑的情绪，从而出现了咬手的问题行为。

解决策略

1. 解决根本问题——学习项目过难。由于"快慢"是一组相对性的副词，需要对比才能进行辨别。那么，老师现在需要降低难度，主要从两方面进行，一是给予昊昊及时的提示，即当出示汽车，说"汽车跑得？"，此时提示昊昊说"慢"，当昊昊仿说"慢"时，给予肯定，紧接着再出示一次汽车，给予昊昊独立说"慢"的机会，并给予强化。二是在教具上做一些视觉上的提示，针对昊昊注意力不集中的现象，老师在汽车上放置一片昊昊最喜欢的薯片，这样昊昊就会很好地将注意力集中在汽车上，且当独立完成时，昊昊可以直接获得汽车上的薯片。

2. 降低昊昊的强化比率，由2降到1，即只要昊昊出现正确反应就会给予强化。由于降低任务难度，让昊昊有了更多接近成功的机会，那么他获得强化物的几率也大大增加，提高了昊昊的学习兴趣。同时，还应采取差别强化原则，即不同分量的强化物会对应不同行为表现，如果他出现独立说出"快慢"的情况，老师将给予大量强化，如：薯片会更大一些，玩玩具的时间会更长一些，这些也增加了昊昊的学习动机。

3. 针对昊昊出现的咬手、甩手现象，采取用替代行为进行干预的策略，在课堂和家中都加强手部动作的练习和应用。在课堂上主要通过模仿手指游戏、穿珠子、插蘑菇、拼图、嵌塞板等进行练习，在家中主要加强昊昊日常生活中手部的运用，如：自己整理简单的衣服、自身清洁和帮助妈妈做家务等，这样手的价值得到了充分的运用，降低了问题行为的发生。